KB204234

버릴수록

우리를 자유롭게 하는 것들

버릴수록

우리를 자유롭게 하는 것들

김기석

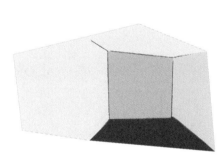

비아
토르

목차

3부_ 이웃과 세상을 향한 뒤틀린 생각

4부_ 참된 자유를 향한 여정

소유 중심에서 존재 중심으로

잘 알려진 바와 같이 공자는 열다섯에 학문에 뜻을 두었고, 서른에는 몸을 세웠고, 마흔에는 미혹되지 않았으며, 쉰에는 하늘의 명을 알게 되었고, 예순에는 들음이 순해졌고, 일흔에는 마음이 하고자 하는 바를 좇아도 법도를 넘지 않았다고 자기 삶을 요약했다. 일로매진一路邁進인 셈이다. 시련과 좌절의 시간도 있었겠지만 적어도 그는 지향을 잃지 않았다. 공부를 한다는 것은 이런 것이리라.

서른 살 전후의 젊은 예수는 말했다. "옛사람들에게 말하기를 ~ 한 것을 너희는 들었다. 그러나 나는 너희에게 말한다…." 얼마나 도저한 말인가? 율법의 일점일획도 없어지지 않고 다 이루어질 것이라고 말했던 그는 옛사람의 말을 금과옥조로 여기지 않는다. 그들의 말 속에 담긴 속뜻을 헤아려 사람들에게 제시했다. 돌올突兀한 그의 말을 들은 사람들은 다 놀랐다. "예수께서 율법학자들과는 달리 권위 있게 가르치셨기 때문이다"(막 1:22). 그 권위는 어디서 비롯된 것일까? 선포한 메시지의 새로움? 메시지를 전하는 이의 열정? 메신저

6

의 에토스? 말의 권위는 메신저와 메시지의 틈 없는 일치에서 파생된다.

이순의 나이가 지나서도 여전히 세상사에 어둡고 진리에 대한 명징한 인식에 당도하지 못한 사람의 쓸쓸함이 꽤 크다. 진리의 세계를 탐험하려는 열정과 도취 속에 보냈던 젊은 날은 덧없이 스러졌다. 흘러간 세월이 남겨 두고 간 것은 세상을 흑백으로 가를 수 없다는 사실에 대한 인식, 그리고 모호함을 삶의 일부로 받아들인 채 살아야 한다는 자각이다. 그것도 소득이라면 소득이다. 적어도 누군가를 함부로 재단하거나 심판하지는 않게 되었으니 말이다. "사페레 아우데*Sapere Aude*, 감히 알려고 하라"는 계몽주의자들의 부추김을 따랐지만, 세상에는 알 수 없는 것이 더 많다는 사실을 인정하지 않을 도리가 없다.

더 깊고 맑고 유현한 세계를 향해 나아가려는 바람은 번번이 현실의 인력에 무산되곤 한다. 버릴 것을 과감하게 버리면 되지 않느냐고 말하지만, 버린다는 것이 말처럼 쉽지 않은 게 문제다. 아우구스티누스 성인의 고백이 참 적실하다. 헛되고 어리석은 삶에서 벗어나고 싶어 몸을 앞으로 내밀며 나아가려 하지만 과거가 그를 놓아주려 하지 않았다.

그들은 나의 옷자락을 슬쩍 치면서 고요히 '당신이 우리를 정말 버리고 떠나가렵니까? 그러면 이제부터 우리는 당신과 영원히 함께 있을 수 없단 말입니까? 이제부터는 당신이 이런 일 저런 일을 영원히 할 수 없다는 말입니까?'라고 속삭였습니다.[1]

성인은 이런 것을 일러 '습관의 폭력'이라 했다. 사람은 새것을 추구하면서도 익숙한 것에 집착한다. 익숙한 것이 주는 안락함과 위안은 떨쳐 버리기 어려운 유혹이다.

성경은 끊임없이 '떠남'을 요구한다. 아브람은 고향, 친척, 아버지의 집을 떠나 불확실한 미래에 자기 생을 맡겨야 했다. 야곱의 돌베개는 떠도는 삶의 은유로 읽어도 상관없다. 아버지의 사랑을 독차지하던 요셉도 물 없는 우물에 떨어지고 종으로 팔려 가는 비운을 맛보아야 했다. 이집트의 왕자로 살던 모세도 광야로 도망칠 수밖에 없었다. 하나님의 음성을 피해 달아나던 요나는 배 밑바닥으로, 바닷속으로, 물고기 뱃속으로 하강을 계속해야 했다. 떠난다는 것은 취약해진다는 것이다. 껍질 없이 살아야 하는 민달팽이 신세가 되는 것이다.

낯섦이 주는 두려움 때문에 사람들은 익숙한 세계에 매달린다. 매달리는 삶은 존재가 아니라 소유 중심의 삶이다. 불안의 대용물을 자꾸 모음으로 불안의 내습을 차단하려 한다. 그러나 존재자들이 우리 삶의 근원적 불확실성을 해소해 주지는 못한다. 원하든 원치 않든 한계 상황이 찾아오게 마련이다. 유한성에 대한 자각, 질병, 죽음, 허무는 초대받지 않은 손님처럼 불시에 찾아와 우리 삶의 토대를 뒤흔든다. 우리 삶을 든든히 지켜 줄 것이라 믿었던 것들이 아무 역할도 할 수 없다는 사실을 깨달을 때 우리 영혼은 흐르는 모래에 갇힌 것처럼 아래로 아래로 이끌린다. 하지만 바로 그때가 실존적 도약의 기회다. 애집하던 것들이 실상은 그렇게 소중한 것이 아닐 수도 있다는 사실을 깨달을 때 자유가 슬며시 유입된다. 자신의 의지로 버리지 못하던 것들이 불수의적으로 떨어져 나갈 때 홀가분함이 찾아오지 않던가.

그러나 그 시간이 찾아오기를 기다릴 사람은 아무도 없을 것이다. 일상 속에서 애집하는 것과 결별하는 연습이 필요한 것은 그 때문이다. 없이 사는 연습을 해 보자는 말이다. 장욱진 화백이 술에 취하면 늘 했다는 말이 참 인상적이다. "난 심플하다." 실제로 그런지는 모르겠지만 단순 소박함 속에서 삶의 참맛을 구했던 것 같다.

돈이 주인 노릇하는 세상은 인간을 소외시킨다. 인간이 하나님의 형상이라는 사실은 은폐된다. 그들은 소비자일 뿐 존엄한 주체가 아니다. 다만 그런 사실을 자각하지 못할 뿐이다. 사람들은 사물을 '사용'할 뿐 '향유'하지 못한다. 끊임없이 쏟아져 나오는 새로운 상품을 소유하려면 자기를 착취하지 않으면 안 된다. 경쟁은 필연이고 그 결과는 피로감이다. 탐욕을 제도화한 세상에 살기에 우리 삶의 기초인 생태계가 망가지고 있다는 사실조차 자각하지 못한다. 기후 변화에 대한 경고가 거듭 나오고 있지만, 잠시 걱정스러운 눈빛을 보내다가 이내 욕망의 쳇바퀴를 돌리는 일에 몰두한다. 발터 벤야민은 19세기의 자본주의를 분석하면서 철골 구조물인 파사주 아래 진열된 상품들은 개인에게 무한한 삶의 가능성을 열어 보여 주는 허상의 세계라고 진단했다. 실상을 대면할 용기가 없는 이들일수록 허상에 집착한다.

이런 현실 속에서 설교자로 산다는 것은 어떤 의미일까? 폭풍우처럼 몰아치는 욕망의 바다에서 설교자들의 소리가 누군가의 귀에 가닿을 수는 있는 것일까? 가끔은 절망스러울 때가 있다. 말씀이 사건화되지 못한다는 사실을 자각할 때 말의 무력함을 절감한다. 그럼에도 불구하고 설교자는 성경과 시대정신 혹은 인간적 삶의 조건을 대면시키라는 명령 앞에 서 있다. 이전보다 훨씬 교묘하고 음험하게 사람들의 정신을 황폐화하는 허상의 세상을 폭로하는 일은 승산 없는 싸움처럼 보인다. 그러나 설교자는 자기의 판단이나 가능성에 의지하지 않는다. 선포된 말씀을 사건으로 바꾸는 것은 보내신 분이 하실 일이다. 이것이 급진적인 희망이다. 고독하고 힘겹지만 그 소명을 포기할 수 없다. 소설가 무라카미 하루키는 자기가 글을 쓰는 이유를 이렇게 밝혔다.

내가 소설을 쓰는 이유를 요약하자면 단 한 가지입니다. 개인이 지닌 영혼의 존엄을 부각시키고 거기에 빛을 비추기 위함입니다. 우리 영혼이 시스템에 얽매여 멸시당하지 않도록 늘 빛을 비추고 경종을 울리자, 이것이 바로 이야기의 역할입니다.[2]

10

'소설을 쓰는 이유'를 '설교를 하는 이유'라고 바꾸어도 내용이 달라질 것은 없다고 본다. 설교가 되었든 글이 되었든, 말을 다루는 이들이 꼭 붙들어야 하는 소명은 '영혼의 존엄'을 일깨우고, 거기에 빛을 비추는 것이다. 듣거나 말거나 자꾸 외치고 글을 쓰는 까닭은 무엇인가? 스스로 길을 찾기 위해서다. 세상에 설득당하지 않기 위해서다. 어딘가에서 길을 찾는 이들에게 여기도 사람이 있다는 사실을 알리기 위해서다.

앨프레드 테니슨의 〈율리시스〉를 보며 마음을 가다듬는다. 율리시스는 굶주린 마음으로 헤매면서 많은 것을 보고 배웠다고 고백한다. "나는 내가 경험한 모든 것의 일부다." 그렇다. 우리가 세상을 항해하면서 보고 듣고 느낀 것들이 나를 형성한다. 더 이상 떠나지 않는 이는 새로운 것을 만나지 못한다. 바람으로 부푼 돛을 보며 화자는 말한다. "오라, 나의 친구들이여, 더 새로운 세계를 찾기에 너무 늦지는 않았다." 너무 늦지는 않았다. 이 말이 가슴을 친다.

> 비록 잃은 것이 많지만, 아직 남은 것도 많다.
> 옛날에 천지를 흔들었던 힘은
> 이제 없지만, 지금의 우리도, 우리인 것이다 ―
> 한결같이 영웅적인 기백이, 시간과 운명으로
> 쇠약해지긴 했어도, 애쓰고, 추구하고,
> 포기하지 않고 버텨 낼 강한 의지력은 아직도 있다.[3]

이 마음으로 오늘을 산다. 자꾸 주저앉으려는 마음을 일으켜 세워 신앙의 모험을 다시 시작한다. 여기저기 흩어져 있는 글을 찾아 주제에 맞게 정리해 준 이은진 님, 그리고 본문과 표지를 곱게 단장해 준 임현주 님께 감사한다. 어려운 여건 가운데서도 글을 통해 세상을 바꾸려는 비전을 포기하지 않는 비아토르의 김도완 대표께도 응원의 인사를 드린다. 그리고 이 작은 책을 길잡이 삼아 순례를 계속할 벗들에게 감사한다.

1부

나를

옥죄는

감옥

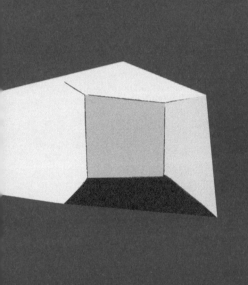

삶이 고단해도 습관적으로 힘겹다 힘겹다 하지 말고

바흐의 칸타타처럼 "나는 만족합니다"라고 말하며 사십시오.

그러면 우리의 발걸음이 닿는 곳마다

생명과 평화가 꽃을 피울 것입니다.

초조함과
두려움

지난 두 주 동안 미국에서 집회를 인도하며 열네 번의 설교를 했습니다. 다소 고단한 일정이었지만 감사함으로 감당했습니다. 세상 어디에나 주님의 이름으로 모이는 이들이 있고, 진리에 대한 목마름을 안고 살아가는 이들이 있다는 사실을 확인하면서, 말씀 전하는 자로서의 소명을 새롭게 되새겼습니다.

이번 여정 가운데 제게 크게 들어온 단어는 '도전'입니다. 샌프란시스코에 머물 때는 아침 기온이 12도 정도였습니다. 바닷바람 때문이었을 겁니다. 점퍼를 걸치고도 다소 춥다는 느낌이 들었는데, 놀랍게도 그 기온에 바다 수영을 즐기는 이들이 있었습니다. 젊은 사람만이 아니라 백발의 노인도 있었습니다. 추위를 안 느낄 수는 없을 텐데, 그들은 왜 차가운 물속에 뛰어들었을까요?

도전 정신 때문이었을 겁니다. 샌프란시스코 집회를 마치고 휴스턴으로 내려가는 길에 오랫동안 가 보고 싶었던 '죽음의 계곡'을 통과했습니다. 몇 시간을 가도 황량한 풍경뿐이었습니다. 해발 마이

너스 80미터 지점인 배드워터 분지에서 기온은 43도까지 올라갔습니다. 햇빛은 작열하고 지열은 뜨거웠습니다. 그늘 한 점 없는 소금 호수를 한 시간 정도 걷는 동안 목은 말랐고, 어질어질했습니다. 동시에 신비한 느낌이 들었습니다. 그곳을 벗어나도 황량한 풍경은 변하지 않았습니다.

놀라운 것은 겨우 한 시간 정도만 걸어도 지칠 수밖에 없는 그곳을 커다란 배낭을 메고 며칠을 걷는 이들이 있다는 사실입니다. 그들은 고생을 사서 하는 사람들입니다. 물론 극지를 탐험하는 탐험가들이 있음을 모르지 않습니다. 하지만 평범하기 이를 데 없는 이들이 그런 트레일을 걷는다는 것은 모험이 아닐 수 없습니다. 그들의 존재는 도시적 안일에 빠져 사는 제 모습을 돌아보게 했습니다. 무사 안일에 맞서 자기 몸과 마음을 극한 상황에 몰아넣는 것은 어리석어 보일 수 있습니다. 하지만 그들은 일체의 애상이나 자기 연민을 떨치고 자기 존재를 확장하는 여정에 나섰던 것입니다.

가끔 위험한 산을 오르거나 극지를 탐험하는 이들을 보면서 왜 그렇게 위험한 짓을 하느냐고 나무라는 이들이 있습니다. 하지만 인류 문화의 위대한 진보는 자기 한계를 돌파하기 위해 위험에 뛰어든 이들을 통해 구현되었습니다. 위대한 정신 또한 그렇습니다. 하나님께서 아브람을 복의 매개로 삼기 위해 제일 먼저 요구한 것은 익숙한 세계에서 벗어나라는 것이었습니다. 출애굽 사건 또한 마찬가지입니다. 출애굽 공동체는 오직 하나님의 약속에만 의지한 채 불확실한 미래를 향해 나아갔습니다. 마실 물도 먹을 음식도 확보되지 않았지만, 그들은 자유를 향한 거대한 여정을 시작했던 것입니다. 시련이 이어지자 어떤 이들은 이집트의 끓는 가마솥을 그리워하기도 했습니다. 이집트에서의 삶이 그리 풍요로웠을 리 없지만, 고통스러운 현실이 과거 기억을 미화했던 것입니다. 이전에 군대에서 어느 병사가 관물대에 써 붙여 놓았던 말이 떠오릅니다. '군인의 길=비포장도로.' 해학과 비애가 동시에 담겨 있습니다.

자유 혹은 평화에 이르는 길은 잘 닦인 포장도로가 아닙니다. 거칠고 황량할 뿐만 아니라 곳곳에 위험이 도사리는 길입니다. 하지만 그것은 마땅히 가야 할 길입니다. 민주주의의 나무는 피를 먹고 자란다는 말이 있습니다만, 오늘 우리가 사는 이 세계의 질서는 수많은 사람의 헌신과 희생을 통해 이루어졌습니다.

끝없는 두려움

출애굽 공동체는 40년 동안 척박한 광야 생활을 계속했습니다. 1세대는 거의 다 죽었고, 가나안 땅 진입은 광야에서 태어난 새로운 세대에게 주어진 책무였습니다. 위대한 지도자 모세가 세상을 떠난 후 출애굽 공동체를 이끈 이는 여호수아였습니다. 하나님은 그에게 백성을 이끌고 요단강을 건너 약속의 땅으로 가라고 명하셨습니다. 그는 모세를 가까이에서 모셨던 사람이고 지혜와 용기가 출중한 사람이었지만, 그 많은 백성을 인도해야 한다는 과제 앞에서 전율했습니다. 어떤 일에 최종 책임을 진다는 것은 참 두려운 일입니다. 주저하는 그에게 하나님은 그들의 발바닥이 닿는 곳은 어디나 주시겠다고 확언하십니다.

주님의 종 모세가 죽은 뒤에, 주님께서, 모세를 보좌하던 눈의 아들 여호수아에게 말씀하셨다. "나의 종 모세가 죽었으니, 이제 너는 이스라엘 자손 곧 모든 백성과 함께 일어나, 요단강을 건너서, 내가 그들에게 주는 땅으로 가거라. 내가 모세에게 말한 대로, 너희 발바닥이 닿는 곳은 어디든지 내가 너희에게 주겠다. 광야에서부터 레바논까지, 큰 강인 유프라테스강에서부터 헷 사람의 땅을 지나 서쪽의 지중해까지, 모두 너희의 영토가 될 것이다. 네가 사는 날 동안 아무도 너의 앞길을 가로막지 못할 것이다. 내가 모세와 함께하였던 것과 같이 너와 함께하며, 너를 떠나지 아니하며, 버리지 아니하겠다. 굳세고 용감하여라. 내가 이 백성의 조상에게 주기로 맹세한 땅을, 이 백성에게 유산으로 물려줄 사람이 바로 너다(수 1:1-6).

하나님은 어떤 일을 맡기실 때 감당할 수 있는 능력도 함께 주십니다. 하지만 하나님의 명령 앞에서 사람은 주저할 수밖에 없습니다. 모세도 처음 소명을 받았을 때 자기는 그 일을 감당할 수 없다고 말했습니다. 예레미야도 마찬가지입니다. 하나님이 "내가 너를 모태에서 짓기도 전에 너를 선택하고, 네가 태어나기도 전에 너를 거룩하게 구별해서, 뭇 민족에게 보낼 예언자로 세웠다"(렘 1:5)라고 하시자, 그는 즉시 "아닙니다. 주 나의 하나님, 저는 말을 잘할 줄 모릅니다. 저는 아직 너무나 어립니다"(렘 1:6)라고 말합니다. 어쩌면 이게 마땅한 반응인지도 모르겠습니다. 세상에는 내가 아니면 누가 그 일을 하겠느냐고 나서는 이들도 있습니다. 높은 자리를 좋아하는 목사들을 볼 때마다 그 무모한 열정에 놀라곤 합니다.

하나님의 일을 위해 부름을 받는다는 것은 정말 두려운 일입니다. 그래서 주저하는 이들에게 하나님은 늘 그의 곁에 함께하시겠다고 약속하십니다. 여호수아의 경우에는 이 약속이 세 가지로 변주되어 나타납니다. '함께하겠다', '떠나지 않겠다', '버리지 않겠다'. 이 강력한 약속 끝에 주님은 '굳세고 용감하라'라고 명하십니다. 믿음의 사람은 자기 능력을 믿고 사는 것이 아니라 하나님의 약속을 믿고 삽니다. 나는 무능해도 하나님은 능하십니다. 주저하던 여호수아도 몸을 일으켜 세우지 않을 수 없었을 것입니다. 하나님의 일을 하기 위해서는 자꾸 안일한 마음과 작별해야 합니다. 우리 속에 시도 때도 없이 찾아오는 두려움을 넘어서야 합니다.

나치가 유럽을 온통 전쟁의 광기로 몰아갈 때 뮌헨대학교 학생이던 잉게 숄과 소피 숄 남매는 백장미단을 조직해서 히틀러의 죄악상을 폭로하고 잠들어 있는 사람들의 양심을 깨우다가 결국은 붙잡혀 다른 동료들과 함께 형장의 이슬로 사라졌습니다. 그들의 이야기

버릴수록 우리를
자유롭게 하는 것들

를 기록한 책이 《아무도 미워하지 않는 자의 죽음Die Weisse Rose》입니다. 그들은 두려움이 없어서가 아니라, 두려움에도 불구하고 불의를 폭로하는 일에 나섰습니다. 양심이 비겁한 침묵을 허용하지 않았기 때문입니다. 세상에는 이렇게 위험을 무릅씀으로 세상을 정화하는 이들이 있습니다. 동화 작가인 권정생 선생은 "혁명가는 따로 있는 것이 아니다. 잘못되고 공정치 못한 일이라면 희생을 해서라도 바로 고쳐 나가는 사람이 바로 혁명가"라고 말했습니다. 성공회 대학교의 김동춘 교수는 칼럼에서 이런 사람들을 가리켜 "어차피 바뀌지 않을 거니 가만히 있어라"라는 악마의 속삭임을 물리친 사람들이라고 말합니다.[4]

민음으로 산다는 것은 개인의 안일한 행복을 위해 하나님을 동원하는 것이 아니라, 하나님의 꿈을 이루기 위해 우리 자신을 주님께 바치는 일입니다. 그것은 평안한 길이 아니라 가시밭길입니다. 하지만 잊지 마십시오. 그 좁은 길을 걸어야 마침내 영원한 생명에 이를 수 있습니다. 십자가의 어리석음을 꼭 붙들 때 우리는 세상 풍조에 휘둘리지 않는 든든한 중심을 얻게 될 것입니다. "굳세고 용감하여라." 여호수아에게 주셨던 이 말씀이 지금 우리에게 천둥처럼 다가옵니다.

초조함과 두려움에서 벗어나는 길

하지만 이런 염려, 저런 걱정에 시달리느라 멍이 든 우리 마음은 작은 시련 앞에서도 비명을 지르고, 작은 바람 앞에서도 이리저리 흔들립니다. 기도를 해 보려 하지만 덧없는 생각들이 떠올라 마음을 분산시킵니다. 하나님은 저 멀리 계신 것 같습니다. 가까이 있는 이들이 위안이 되기는커녕 둔중한 무게로 다가오기도 합니다. 그럴 때면 선하게 살려는 의지는 약해지고 소명조차 흐릿해집니다. 어떻게 해야 할까요? 하나님은 여호수아에게 그런 분심으로부터 벗어나는 길을 일러주셨습니다.

> 이 율법책의 말씀을 늘 읽고 밤낮으로 그것을 공부하여, 이 율법책에 씌어진 대로, 모든 것을 성심껏 실천하여라(수 1:8).

백성을 이끄는 일만으로도 24시간이 부족할 지경인데, 처리해야 할 일이 산더미 같은데, 말씀을 읽고 공부하라니요. 도무지 가능한 일처럼 보이지 않습니다.

그러나 깊은 산중에서 길을 잃지 않으려면 지도와 나침반을 자주 들여다보아야 하는 것처럼, 인생의 길 위에서 길을 잃지 않으려면 꾸준히 공부하고, 또 배우고 익힌 대로 사는 연습을 해야 합니다. 시련의 시간, 권태로운 시간, 회의의 시간에서 벗어나려면 하나님의 말씀 속으로 깊이 들어가야 합니다. 거품이 이는 얕은 물가를 벗어나 깊은 바닷속으로 자맥질해 들어갈 때 고요함을 느끼는 것처럼, 하나님의 마음과 깊이 접속해야 마음이 고요해집니다.

버릴수록 우리를
자유롭게 하는 것들

하나님의 말씀을 읽고 묵상하는 것은 일상을 더 철저하고 진득하게 살아 내기 위한 것입니다. 우리는 말씀 읽기와 묵상을 통해 자주 하나님께 길을 여쭈어보아야 합니다. 그래야 길을 잃지 않습니다. 처음에는 우리가 말씀을 읽지만, 어느 순간 말씀이 우리를 읽기 시작합니다. 말씀은 우리를 자유하게 합니다.

말씀 안에서 살아가는 사람들은 마치 땅에 깊이 뿌리를 내린 나무처럼 어지간한 바람에도 흔들리지 않습니다. 하나님께서 여호수아에게 말씀을 공부하고, 묵상하고, 성심껏 실천하라고 하신 것은 그렇게 해야 비로소 그가 독립적인 영혼으로 우뚝 설 수 있음을 아셨기 때문입니다. 말씀은 우리를 더 큰 존재로 빚어 줍니다.

신앙생활의 보람은 자기를 넘어서는 데 있습니다. 자기 연민이나 두려움에서 벗어나 자꾸 우리를 누군가에게 선물로 주는 연습을 해야 합니다. 그것이 바로 성육신적 삶입니다. 교회에 다니면서도 여전히 자아의 한계에 갇혀 있는 이들이 많습니다. 거룩한 삶은 간 곳 없고, 욕망의 인력에 속절없이 끌려가는 이들 말입니다.

담대한 믿음으로

이제는 달라져야 합니다. 담대한 믿음이 필요합니다. 수난의 어두운 그림자가 닥쳐올 때 주님은 세상에 남겨질 제자들을 이렇게 격려하셨습니다.

너희는 세상에서 환난을 당할 것이다. 그러나 용기를 내어라. 내가 세상을 이겼다(요 16:33).

우리에게 세상을 이기는 믿음이 있습니까? 특정한 사람들에게 수치심을 안겨 주고 약자들을 수단으로 삼는 문화에 맞서는 일은 언제나 어려운 도전입니다. 하지만 우리는 그런 일을 위해 부름을 받았습니다. 세상에서 악이 승리하기 위한 조건 가운데 하나는 선한 사람들의 침묵입니다.

성령 충만했던 사도들은 박해와 위협에 굴하지 않고 담대하게 주 예수를 전했습니다. 우리가 교회로 부름을 받은 까닭은 서로의 버팀목이 되어 주기 위해서입니다. 죄수의 몸으로 로마로 압송된 바울이 초조함과 두려움을 이길 수 있었던 것은 아피온 광장과 트레스 마을까지 그를 만나러 찾아온 신자들 때문이었습니다. "혼자 싸우면 지지만, 둘이 힘을 합하면 적에게 맞설 수 있다. 세 겹 줄은 쉽게 끊어지지 않는다"(전 4:12). 우리는 서로에게 힘을 주는 사람이어야 합니다.

외적 조건에 도전하는 것도 위대한 일이지만, 자기 속에 있는 두려움과 맞서는 것도 위대한 일입니다. 욕망의 문법에 따라 살지 않는 것도 마찬가지입니다. 비행기 안에서 설교 준비를 마치고 휴스턴에서 잠시 들렀던 로스코 예배당에 관한 책을 읽었습니다. 평화를 위해 봉헌된 그 예배당 설립자 도미니크 드 메닐Dominique de Menil의

딸이 어머니를 추억하며 전하는 이야기가 경이로웠습니다. 세상을 떠나기 이틀 전 도미니크는 딸의 귀에 대고 속삭이듯 말했습니다. "하나님은 우리가 그분을 창조하기를 기다린단다." 무슨 뜻인지 몰라 어리둥절했지만, 딸은 곧 그것이 우리가 삶을 통해 하나님을 드러내야 한다는 말임을 알아차렸습니다.

이게 어쩌면 우리에게 부과된 평생의 과제인지도 모르겠습니다. 허물이 많고 유약하지만, 우리는 주님의 빛을 받아 거룩한 세계를 향해 나아가는 사람들입니다. 이런 삶을 향해 나아갈 용기를 내십시오. 담대하십시오. 우리 삶을 통해 하나님의 꿈이 이루어지고, 우리를 통해 하나님의 현존이 뚜렷이 드러날 수 있기를 빕니다.

근심과 걱정

예수님은 제자들에게 수수께끼 같은 말씀을 던지십니다. "조금 있으면 너희는 나를 보지 못할 것이다. 그러나 또 조금 있으면 나를 볼 것이다"(요 16:16). 제자들은 그 말씀의 뜻을 헤아려 보려고 애를 썼지만, 알 수 없었습니다. 어두운 죽음의 그림자가 당신에게 드리워져 있음을 암시한 것이건만, 제자들은 도무지 알아차리지를 못합니다. 제자들은 여전히 들떠 있습니다. 예수님이 아무리 당신이 받을 고난과 죽음에 대해 말해도 그들은 그것을 진지하게 받아들이지 않습니다. 꿈의 종말로서의 죽음은 있을 수 없는 일이었고, 있어서도 안 되는 일이었습니다. 제자들은 현실을 현실로 보지 못하고, 자기들의 희망 사항에 따라 보고 있습니다. 그래서 예수님은 얼마 지나지 않아 일어날 엄연한 현실을 그들에게 일깨우십니다.

> 너희는 울며 애통하겠으나, 세상은 기뻐할 것이다. 그러나 너희가 근심에 싸여도, 그 근심이 기쁨으로 변할 것이다(요 16:20).

이 구절의 앞 문장은 갈보리 언덕에서 성취되었습니다. 주님이 십자가에 달리셨을 때 제자들은 먼발치로나마 그 비극적인 광경을 보면서 하늘이 무너지는 것 같은 절망감을 맛보았을 것입니다. 의기양양해서 주님을 조롱하는 사람들을 보면서 그들은 숨죽여 울었을 것입니다. 십자가에 못 박힌 것은 예수님만이 아니었습니다. 새로운 세상을 꿈꾸던 자기들의 꿈도 그곳에 못 박혔습니다. 주님이 십자가에 달리셨을 때 세상에 내렸던 어둠은 제자들의 가슴에도 짙게 드리워져 있었을 것입니다. 나중에 제자들은 예수님이 하셨던 그 수수께끼 같은 말씀이 생각나 더욱 슬픔에 잠겼을 것입니다.

너희가 근심에 싸여도

십자가는 모든 익숙하던 것과의 결별입니다. 그리고 낯설기 그지없는 죽음을 받아들임입니다. 십자가는 또한 자기 생각과 바람을 포기하고 애오라지 하나님의 뜻만을 받들어 섬기는 것입니다. 그렇기에 십자가는 아픔이고 근심이고 슬픔입니다. 그것은 더 큰 생명으로 깨어나기 위해 거쳐야만 하는 과정이었습니다. 하지만 주님은 제자들이 겪을 아픔이나 혼란에 초점을 맞추지 않습니다. 오히려 그들이 경험할 희망과 기쁨에 초점을 맞춥니다. "너희가 근심에 싸여도, 그 근심이 기쁨으로 변할 것이다"라고 말이지요.

물론 이 말씀은 당신의 부활을 염두에 두고 하신 말씀입니다. 부활 사건이 가져온 기쁨은 우리가 일상적으로 경험하는 기쁨과는 다릅니다. 그것은 근원적인 기쁨입니다. 누구도 빼앗거나 뒤흔들어 놓을 수 없는 기쁨입니다. 한자로 영녕(寧寧)이라는 단어가 있습니다. '마음이 항상 조용하고 편안하여 외물(外物)에 의하여 혼란되지 아니함'을 뜻합니다. 그런데 앞에 나오는 '영(寧)'은 '어지럽다, 혼란스럽다'라는 뜻입니다. 그러니까 영녕(寧寧)이란 혼란을 거친 후의 평안함과 안정감을 가리킵니다. 혼란을 알지 못하는 평안함은 깨지기 쉽습니다. 그처럼 십자가의 고통과 절망이 있었기에 부활의 소식이 큰 기쁨이 되는 것입니다. 예수님은 이 생명의 원리를 출산의 고통에 비유하여 말씀하십니다.

여자가 해산할 때에는 근심에 잠긴다. 진통할 때가 왔기 때문이다. 그러나 아이를 낳으면, 사람이 세상에 태어났다는 기쁨 때문에, 그 고통을 더 이상 기억하지 않는다. 이와 같이, 지금 너희가 근심에 싸여 있지만, 내가 다시 너희를 볼 때에는, 너희의 마음이 기쁠 것이며, 그 기쁨을 너희에게서 빼앗을 사람이 없을 것이다(요 16:21-22).

여인들은 아기를 낳기 전에 말할 수 없는 두려움을 맛봅니다. 아무도 대신해 줄 수 없는 고통이기에, 홀로 견뎌야 하는 고통이기에 더욱 그렇습니다. 하지만 여인들은 새로운 생명을 맞이하는 일에 자신의 목숨을 겁니다.

대만의 신학자 송천성宋泉盛은 여성을 가리켜 '하나님의 공동 창조자co-creator of God'라고 했는데, 이 말은 조금도 과장이 아니라고 생각합니다. 여성이 남성보다 더 영적이고 강인한 이유는 이런 고통을 경험하기 때문이 아닐까요? 여인들의 고통과 두려움은 태어난 새 생명 앞에서 다 사라집니다. 기쁨이 크기 때문입니다. 그래서 출산한 여성들의 얼굴에는 거룩한 빛이 감돕니다.

우리 속의 어둠

주님은 부활 사건을 경험한 후에 제자들이 맛보게 될 기쁨을 아무도 빼앗을 수 없다고 말합니다. 그러면서 하시는 말씀이 또 수수께끼와 같습니다.

그날에는 너희가 나에게 아무것도 묻지 않을 것이다(요 16:23).

무슨 뜻일까요? 묻지 않는다는 것은 모든 것이 자명해진다는 말일 겁니다. 매사가 희미하기에 우리는 이런저런 질문을 제기하며 삽니다. 엉뚱한 것에 매혹당하기도 하고, 아무것도 아닌 것에 두려워하기도 합니다. 며칠 전 새벽에 집에서 내려오는데 저만치 어느 집 옆에 시커먼 물체가 보여서 깜짝 놀랐습니다. 마치 술 취한 사람이 쪼그리고 앉아 있는 것처럼 보였기 때문입니다.

그런데 가까이 가서 보니까, 주인에게 버림받은 고릴라 인형이었습니다. 밝았더라면 그런 착각을 하지는 않았을 것입니다. 문제는 어둠이었습니다. 우리 인생이 힘겹고 고달픈 이유는 우리 속의 어둠 때문이 아닌가 싶습니다. 날이 새고 나면 우리는 별것도 아닌 일 때문에 속을 끓였음을 알게 됩니다.

삶의 실상에 눈을 떠야 합니다. 그래야 우리 삶이 가벼워집니다. 주님의 부활을 경험한 사람들의 가슴속에는 하늘의 등불이 하나 밝혀집니다. 그때까지 가슴을 짓누르던 의혹과 두려움의 안개는 저절로 스러지고, 가야 할 길이 절로 환해집니다. 그래서 그들은 길을 묻지 않습니다. 예수님이 곧 길이심을 알기 때문입니다. 그 길을 따라 걸으면 영원한 생명에 이르게 됨을 알기 때문입니다. 주님이 여기서 말씀하시는 '그날'이 여러분에게 밝아왔습니까? 아직 '그날'이 오지 않았다면, 주님께 열심히 여쭈어보며 살아야 합니다.

근심을 통해 기쁨의 언덕으로

예수님은 또 제자들에게 아주 귀한 선물을 하나 남겨 주십니다. 이 선물은 우리에게 기쁨이 넘치게 하려는 주님의 배려입니다.

너희가 아버지께 구하는 것은, 무엇이나 아버지께서 내 이름으로 주실 것이다. 지금까지는 너희가 아무것도 내 이름으로 구하지 않았다. 구하여라. 그러면 받을 것이다. 그래서 너희의 기쁨이 넘치게 될 것이다(요 16:23-24).

버릴수록 우리를
자유롭게 하는 것들

주님은 당신의 이름을 우리에게 맡기십니다. 욕심꾸러기인 우리에게 말입니다. 이름을 빌려주신다는 것은 그 이름으로 이루어지는 모든 일에 대하여 책임을 지겠다는 말입니다. 엄청난 사건입니다. 누가 여러분에게 인감도장을 빌려 달라고 하면 어떻게 하시겠습니까? 참 곤란한 일이지요. 그 도장을 가지고 무슨 일을 할지 모르는데 어떻게 빌려주겠습니까? 그런데 주님은 당신의 이름으로 구하는 것은 무엇이든 아버지께서 들어주신다는 약속과 함께 당신의 이름을 우리에게 맡기십니다.

그 이름으로 무엇을 구하시렵니까? 참 두렵습니다. 옛날이야기에 나오는 사람들은 소원을 빌 수 있는 기회가 생기면, 고대광실高臺廣室 같은 집과 먹을 것을 구하더군요. 예수님의 이름을 사용할 때는 조심해야 합니다. 예수님의 이름으로 구한다면서 주님의 뜻과 경륜에 어긋나는 것을 구할 수는 없습니다. 그것은 이름 도용입니다. 가난해서 돈을 구할 수도 있습니다. 연약해서 건강을 구할 수도 있습니다. 닫힌 생의 문이 열리기를 기도할 수도 있습니다. 하지만 과도한 욕심을 위해 구하지는 말아야 합니다.

신기한 그릇이 하나 있었습니다. 누구든지 갖고 싶은 것을 생각하고 그릇 앞으로 나아가면 그릇에 그 물건이 가득 담기는 그런 그릇이었습니다. 말도 필요 없었습니다. 그릇은 자기 앞에 나오는 사람의 마음을 읽어서 원하는 것을 가져가게 했습니다. 쉴 새 없이 물건을 쏟아 놓았습니다. 그릇 앞에 오는 사람들은 저마다 값나가는 물건을 가지고 돌아갔습니다. 가물에 콩 나듯이 '사랑'이라든지 '건강'을 구하는 사람들도 있긴 있었습니다.

어느 날, 꾀죄죄한 차림의 소년 하나가 그릇 앞으로 다가갔습니다. 그런데 그릇에는 아무것도 나타나지 않았습니다. 사람들은 깜짝 놀랐습니다. 여태까지 신통하던 그릇이 갑자기 아무것도 내지 않자 큰 소동이 일어났습니다. 소년과 그릇을 번갈아 보며 사람들은 말했습니다. "재수 없는 놈 같으니라고." 그때 그 그릇이 말을 하기 시작했습니다. "너희들은 고작해야 썩어 없어지는 물건을 원했으나 이 아이는 아무 욕심도 품지 않고 내게 나왔다. 이 세상에서 이 아이의 마음이 제일 깨끗한 마음이고, 하늘과 같이 빈 마음이다. 나는 본래 하나님이 이 세상 인간들의 마음을 비추어 보라고 보낸 하늘의 천사였다."

우리의 욕망은 끝이 없습니다. 그래서 성인은 "주님, 당신 자신을 주십시오."라고 기도했는지도 모르겠습니다. 우리의 기도를 들어주실 아버지가 우리와 함께 계신다는 사실 하나만으로도 우리는 행복한 사람들입니다. 하나님과 함께 걷는 길이라면 무엇이 두렵겠습니까? 일어날 일은 일어나게 마련입니다. 때로는 지치고, 생의 짐이 무거워 비틀거릴 때도 있습니다. 그것을 부정하거나 거역하려 하지 말고 있는 그대로 인정하십시오. 하지만 우리가 경험하는 어떤 일도 하나님께로 인도하는 배가 될 수 있음을 잊지 마십시오. 우리의 기도를 들으시는 주님이 함께 계심을 마음 깊이 확신하십시오.

이제 주눅 든 채 살지 말고 어깨를 펴십시오. 자기 속에 파묻히지만 말고 세상을 아름답게 변화시키기 위해 작은 일부터 시작하십시오. 거리의 쓰레기를 줍는 일, 외로운 이웃의 말벗이 되는 일…. 찾아보면 참으로 많은 일이 우리 손길을 기다립니다. 그 작은 일이야말로 혁명의 시작입니다. 그 일을 하는 동안 어려운 일도 만날 수 있습니다. 하지만 어떻습니까? 근심을 통해 아무도 흔들 수 없는 기쁨의 언덕에 이르게 될 것이니 말입니다.

원망과 의심

한 주간 심한 감기 몸살에 시달렸습니다. 여간해서는 낮에 쉬지 않는 편인데, 이번에는 어쩔 수 없었습니다. 몸을 부실하게 관리한 저를 탓해야 하겠지만, 새로운 시간에 돌입할 때 일쑤 찾아오는 통과 의례라고 생각하기로 했습니다.

벌건 대낮에 집에 우두커니 누워 있자니 지금까지 살아온 세월이 아스라이 떠올랐습니다. 아픔은 때로 거울이 되어 자기를 돌아보게 합니다. 노력에 비해 터무니없이 많은 것을 누리며 산다는 생각이 들면서, 내 곁을 스쳐 지나간 이들과 지금 함께 걷는 이들을 향한 감사한 마음과 미안한 마음이 동시에 솟아났습니다. 물론 그 모든 만남의 중심에는 주님이 계셨습니다.

감사의 마음이 느꺼워지면서 바흐의 칸타타 BWV82 가운데 나오는 〈Ich habe genug〉라는 곡의 선율이 자꾸 떠올랐습니다. 유튜브에서 곡을 찾아 여러 번 반복해서 들었습니다. '이히 하베 게누크'란 "나는 만족합니다"라는 뜻입니다. 성전에서 메시아 오기를 기다리던 시므온이 아기 예수를 품에 안고 하나님께 찬양을 올린 대목에서 따온 제목입니다. "주님, 이제 주님께서는 주님의 말씀을 따라, 이 종을 세상에서 평안히 떠나가게 해주십니다"(눅 2:29).

나는 만족합니다. 이 한마디를 할 수 있다면 우리 생이 한결 가벼워질 겁니다. 주님의 도우심으로 살아온 세월이지만 우리는 가끔 그 사실을 까맣게 잊고 삽니다. 가끔 멈춰 설 필요가 있습니다. 뭐가 그리 바쁜지 받은 은혜를 헤아리지 못했습니다. 신앙생활이란 하나님의 뜻을 여쭤보면서 우리 삶의 방식을 바꾸어 나가는 것인 동시에, 주님께서 베푸신 은혜를 기억해 내는 과정입니다. 출애굽 사건 가운데 나오는 한 일화를 통해 우리의 신앙생활이 어떠한지 가늠해 볼 수 있으면 좋겠습니다.

거듭되는 시련 앞에서

출애굽 공동체가 겪은 일은 지금 우리도 겪는 일입니다. 인생은 어찌 보면 예기치 못한 시련의 연속인지도 모르겠습니다. 길이 보이지 않아 답답할 때도 있고, 벼랑 끝에 선 듯 위태로울 때도 있습니다. 하나님은 이집트 땅을 벗어날 때부터 구름 기둥과 불기둥으로 백성들을 인도하셨지만, 홍해를 건넌 이후에는 백성들에게 자신을 직접 드러내지 않으셨습니다. 모세를 통해 간접적으로 당신을 드러내실 뿐이었습니다. 회막이 제작된 후에는 모세가 장막에 들어간 후에 구름 기둥이 장막 어귀에 섰을 뿐입니다(출 33:9). 홍해를 건너 광야 길에 접어든 공동체는 이제 유아적 신앙에서 벗어나 성숙한 믿음의 자리에 서야 했습니다. 하나님이 모든 것을 다 해결해 주시던 꽃 시절은 지나갔습니다. 하나님은 당신의 백성들이 늘 유아기 상태로 살아가기를 원치 않으십니다. 탈출 공동체가 여러 가지 시행착오를 겪으면서 주체적인 신앙의 사람들로 커가기를 바라셨습니다. 신앙의 내면화 과정이라고 할까요? 그 과정을 조금 살펴보겠습니다.

홍해를 건넌 출애굽 공동체가 당도한 곳은 수르 광야였습니다. 그곳에서 마라의 쓴 물이 달게 변하는 이적을 경험했습니다. 그리고 그곳을 떠나 물이 풍족하고 종려나무가 우거진 엘림에 이르렀습니다. 그러나 그곳에 오래 머물 수는 없어서 또다시 길을 떠나 신 광야에 접어들었습니다. "이집트 땅에서 나온 뒤, 둘째 달 보름이 되던 날"(출 16:1)이었습니다. 출애굽기의 편집자는 그날 벌어진 일을 간략하게 요약합니다.

> 이스라엘 자손의 온 회중이 그 광야에서 모세와 아론을 원망하였다(출 16:2).

탈출할 때 준비해 온 음식은 다 떨어졌고 먹을 것을 구할 길이 없었습니다. 죽음의 공포가 밀려오자, 탈출의 감격은 급격하게 원망으로 바뀌었습니다.

마치 꿈꾸듯 지나온 시간이었습니다. 새로운 세상에 대한 설렘으로 감행한 탈출, 자기 삶의 주도권을 행사할 수 있는 자유인이 된다는 희망, 죽음의 위기에서 경험한 기적적인 구원. 놀람과 감격의 시간이었습니다. 그러나 광야에서 광야로 이어지는 여정은 멀기만 했고, 살길은 막연했습니다. 현실이 각박하면 꿈은 뒤로 물러나게 마련입니다. 원망이 터져 나오는 것은 당연합니다. 백성들은 차라리 이집트 땅에서 죽는 것이 더 나았을 거라고까지 말합니다. 일전에도 말씀드렸던 것처럼 가장 중요한 것은 '혁명 다음 날'입니다. 다시 말해 감격이 잦아든 후 맞이하는, 새로울 것 없는 일상 속에서 어떻게 희망의 불을 지필 것인가가 중요합니다. 고단한 일상은 더 좋은 세상을 만들려는 이들의 꿈을 퇴색시키곤 합니다.

하나님은 먹을 것이 없다고 출애굽 사건 자체를 부정하려는 이들이 조금 실망스러우셨겠지만, 그들의 부르짖음을 외면하지 않으셨습니다. 그래서 저녁에는 메추라기를, 아침에는 만나를 내려 주셨습니다. 광야는 일종의 학교였습니다. 하나님은 단순히 음식만 주신 게 아니라, 각자의 욕망을 조정하면서 서로 도우며 살아야 한다는 사실을 가르치셨습니다.

아시다시피 만나는 제각기 먹을 만큼씩만 거두어야 했습니다. 욕심 사납게 거두어 봐야 다음 날 아침이면 벌레가 생겨 먹을 수 없었기 때문입니다. 더 거둔 사람도 그렇지 못한 사람과 나눠 먹어야 했습니다. 나눔의 훈련인 셈입니다. 매주 엿샛날에는 만나를 두 배로 거두어 안식일에 대비했습니다. 그때는 만나가 썩지 않았습니다.

순종과 안식의 훈련입니다. 하나님의 리듬에 몸과 마음을 맡기고 살 때 인간을 잡아채는 조바심과 두려움에서 벗어날 수 있다는 사실을 가르친 것입니다.

그러나 삶의 시련은 그침이 없습니다. 신 광야를 벗어나 르비딤에 이르렀을 때 또 다른 시련이 찾아왔습니다. 마실 물이 없었던 것입니다. 하나님은 일찍이 마라의 쓴 물을 마실 수 있는 물로 변화시켜 주셨지만, 르비딤에서는 그런 물마저 찾아볼 수 없었습니다. 백성들은 모세에게 마실 물을 달라고 대들었습니다. 당신이 하나님이 보내신 지도자가 맞는지 입증해 보이라는 것이었습니다. 아직도 그들은 원망하는 습성을 버리지 못했던 것입니다.

참 어려운 일입니다. 잠언은 인간의 변화가 얼마나 어려운지를 이렇게 표현하고 있습니다. "어리석은 사람은 곡식과 함께 절구에 넣어서 공이로 찧어도, 그 어리석음이 벗겨지지 않는다"(잠 27:22). 은혜가 없이는 새사람이 될 수 없습니다. 원망하는 이들을 손가락질할 것도 없습니다. 우리의 모습 또한 그들과 조금도 다를 바 없습니다.

모세는 백성들을 책망합니다. "당신들은 어찌하여 나에게 대드십니까? 어찌하여 주님을 시험하십니까?"(출 17:2) 여기서 사용된 '대들다', '시험하다'라는 단어는 7절과 연결되는 중요한 단어입니다. 길이 보이지 않을 때 모세가 할 수 있는 일은 그저 하나님 앞에 엎드리는 것뿐입니다.

하나님은 나일강을 친 그 지팡이를 손에 들고 장로들과 함께 백

버릴수록 우리를
자유롭게 하는 것들

성들보다 앞서 가라 명령하셨습니다. 장로들을 동행시킨 것은 하나님의 구원 섭리의 증인으로 삼는 동시에, 그들을 백성의 리더로 세우기 위함이었습니다. 지팡이는 하나님의 구원 사역을 상기시키는 도구였습니다. 하나님은 호렙산 바위 위에서 모세 앞에 서시겠다면서, 그 바위를 치라 이르십니다. 모세는 장로들이 보는 앞에서 하나님이 시키시는 대로 하였습니다.

어떻게 되었을까요? 생수가 터져 나왔을 것입니다. 하지만 출애굽기 기자는 그 후에 어떤 일이 벌어졌는지에 관해 입을 꾹 다물고 맙니다. 여기까지 성경을 읽은 이들은 바위에서 터져 나온 생수를 마시며 흡족해하고 흥거워하는 사람들의 모습이 보고 싶을 겁니다. 그러나 출애굽기 기자는 매정하다 싶을 정도로 단호하게 이야기를 마무리 짓습니다. 이런 우리의 아쉬움을 알았던 것일까요?

영원히 목마르지 아니할 생수

러시아 태생의 빼어난 성서화가 마르크 샤갈은 〈바위산 두드리기〉라는 제목의 그림에서 이 장면을 형상화했습니다. 니스에 있는 '마크 샤갈 국립 박물관'에서 그 그림을 만났을 때 참 많은 생각이 들었습니다. 가로 236센티미터, 세로 232센티미터의 아주 큰 그림입니다. 화면 상단에는 머리에 뿔이 난 모세가 지팡이로 바위를 두드리고 있습니다. 뒤로는 그가 목동이었음을 상기시키는 양 떼가 배치되어 있고, 그 위에서 천사가 나팔을 불고 있습니다. 화면 좌측 상단에는 모세가 무릎을 꿇은 채 십계명을 받는 장면이 아주 작게 그려져 있습니다. 화면 하단에는 이미 물을 받은 듯 물동이를 가슴에 안고 감격에 겨운 표정을 짓는 이들과 춤으로 기쁨을 표현하는 이들이 보이고, 물동이에 물을 긷는 여인의 모습도 보입니다.

그런데 아무리 살펴보아도 지팡이를 든 모세의 표정이 밝지 않습니다. 어려움이 닥칠 때마다 거침없이 대들고 하나님을 시험하는 백성들에게 질렸기 때문일까요? 그런데 제가 주목한 것은 물이 솟구쳐 나오는 바위가 십계명을 받는 장면과 이어져 있다는 사실입니다. 샤갈은 하나님이 주신 십계명 또는 토라야말로 모든 사람의 목마름을 해갈할 생수라고 말하고 있는 듯합니다.

예수님도 수가성 우물가에서 만난 여인에게 "내가 주는 물을 마시는 사람은, 영원히 목마르지 아니할 것이다. 내가 주는 물은, 그 사람 속에서, 영생에 이르게 하는 샘물이 될 것이다"(요 4:14)라고 말씀하셨습니다. 말씀이야말로 생수입니다. 말씀은 때로는 우리 앞길을 밝히는 빛으로, 때로는 생수로 다가옵니다. 하나님께서 선지자 아모스를 통해 주신 경고의 말씀은 지금 우리 시대에도 그대로 적용될 수 있습니다.

그날이 온다. 나 주 하나님이 하는 말이다. 내가 이 땅에 기근을 보내겠다. 사람들이 배고파 하겠지만, 그것은 밥이 없어서 겪는 배고픔이 아니다. 사람들이 목말라 하겠지만, 그것은 물이 없어서

겨는 목마름이 아니다. 주의 말씀을 듣지 못하여서, 사람들이 굶주리고 목말라 할 것이다(암 8:11).

지금이야말로 말씀 기근 시대입니다. 홍수 때에 오히려 마실 물이 부족한 것처럼 말씀의 홍수 속에서 살면서도 우리는 참 말씀을 듣지 못한 채 방황하고 있습니다. 그 말씀이 없어 우리 삶이 무겁습니다. 말씀의 빛을 따라 걸으면 쉬울 인생인데, 참 말씀을 한사코 외면하면서 걷고 있는 것은 아닌지요? 당장의 필요에 온통 정신을 쏟다 보면, 주님께서 우리에게 일상적으로 베푸시는 은총과 기적을 보지 못합니다. 불평과 원망은 바로 거기서 빚어집니다.

하나님의 말씀이 우리 속에 깊이 박혀야 합니다. 그때 말씀은 영혼의 닻이 되어 우리를 세상 풍파에 따라 이리저리 휘둘리지 않게 해 줍니다. 바위에서 솟아나는 샘물처럼 지친 우리를 시원하게 해 줍니다.

부끄러운 기억을 안고

이제 마침내 이야기의 종결부에 이르렀습니다. 생수가 터져 나오는 장관을 과감하게 생략한 출애굽기 기자는 대신 그 사건이 벌어진 장소를 어떻게 명명하게 되었는지를 기록해 두었습니다.

이스라엘 자손이 거기에서 주님께 대들었다고 해서, 사람들은 그곳의 이름을 므리바라고도 하고, 또 거기에서 "주님께서 우리 가운데 계시는가, 안 계시는가?" 하면서 주님을 시험하였다고 해서, 그곳의 이름을 맛사라고도 한다(출 17:7).

특별한 장소나 기념물은 우리에게 어떤 기억을 상기시키곤 합니다. 일본 정부가 기를 쓰고 '소녀상' 철거를 요구하는 까닭은 그것이 상기시키는 부끄러운 기억을 지우고 싶기 때문입니다. 야곱은 베고 자던 돌베개를 제단 삼아 기름을 부었습니다. 그것은 어떤 시련이 닥쳐온다 해도 그가 가는 길에 동행하시겠다는 약속을 상기시키는 기념물이었습니다. 요단강을 건너 길갈에 당도한 탈출 공동체는 요단강에서 가져온 돌 열두 개를 길갈에 세움으로써 하나님이 일으키신 구원 사건을 후손들이 잊지 않고 기억하게 했습니다.

장소 또한 마찬가지입니다. 야곱은 하나님의 사자와 씨름한 끝에 이스라엘이라는 새 이름을 받았고 그곳을 브니엘이라 칭했습니다. 하나님의 얼굴이라는 뜻입니다. 그런데 오늘 이야기 끝에 나온 '므리바'와 '맛사'는 이스라엘의 불순종과 믿음 없음을 상기시키는 이름입니다. 추문거리인 셈입니다. 그러나 성서 기자는 그 추문을 미화하려 하지 않습니다. 자기들의 부끄러운 민낯을 기억하기 위함입니다. 그 민낯을 화장으로 가리려 하면 안 됩니다. 아픈 기억, 부끄러운 기억을 안고 가야 성숙한 믿음에 이를 수 있습니다.

하나님은 믿음 없는 백성들을 버리지 않으셨습니다. 그들을 품고 가셨습니다. 이 이야기가 생수가 터져 나온 이후에 벌어진 흥겨운 상황을 군이 묘사하지 않은 까닭을 이제야 알겠습니다. 이 이야기의 핵심은 이스라엘 백성들의 지속적인 반역에도 불구하고 그들을 끝내 포기하지 않으시는 하나님의 사랑, 그 계약적 신실함을 드러내는 것입니다. 하나님이 우리 가운데 계신가, 안 계시는가? 회의가 찾아올 때도 있습니다. 하지만 잊지 마십시오. 주님은 우리처럼 변덕스럽지 않습니다.

주님을 시험하지 마십시오. 주님을 깊이 신뢰하면서 한 걸음 한 걸음 더 나은 존재가 되기 위해 순례의 여정을 계속하십시오. 할 수 있는 한 삶을 단출하게 하고, 이웃들에게 필요한 것을 공급하기 위해 애쓰십시오. 말씀의 바위를 쳐서 생수를 얻으십시오. 삶이 고단해도 습관적으로 힘겹다 힘겹다 말하지 말고 바흐의 칸타타처럼 "나는 만족합니다"라고 말하며 사십시오. 그러면 우리의 발걸음이 닿는 곳마다 생명과 평화가 꽃을 피울 것입니다.

불평과 불만

며칠 전 심방을 갔다가 태어난 지 50일쯤 된 아기를 보았습니다. 새근새근 자는 모습이 참 평안해 보였습니다. 하지만 아기는 외부 소음에 따라 얼굴을 찌푸리기도 하고, 손과 발을 버둥거리기도 했습니다. 어떤 소리에는 불안한 반응을 보이고, 어떤 소리에는 평안한 반응을 보였습니다. 저는 포대기에 싸인 아기처럼 실내에서 나는 생활 소음에 귀를 기울여 보았습니다. 상에 컵을 내려놓는 소리부터, 주방에서 들려오는 달그락거리는 소리, 발소리, 사람들 옷이 가구에 스치는 소리, 사람들의 웃음소리까지 다양한 소리가 들려왔습니다.

저는 마치 물속에 들어앉은 것처럼, 이성적 분별력을 발동하지 않고 그 다양한 소리를 그냥 소리로만 들어 보았습니다. 그 다양한 소리를 우리가 의식하지 않고 사는 까닭은 그만큼 익숙해졌기 때문일 겁니다. 아기는 어쩌면 눈으로 세상을 보기 전에 소리로 세상과 만나고 있는지도 모르겠습니다. 그 소리는 아이의 정서에 어떤 형태로든 영향을 줄 겁니다. 아기에게 가장 편안한 소리는 물론 엄마의

44

심장 박동 소리와 다정한 음성이겠지요?

영혼의 발신음

살아가면서 우리는 수많은 소리를 만들며 삽니다. 내가 만들어 내는 소리는 세상을 향한 내 영혼의 발신음과 같을지도 모르겠습니다. 누군가 설거지할 때 콧노래를 흥얼거린다면, 그는 기분이 괜찮은 편일 겁니다. 하지만 세찬 물소리와 함께 그릇이 부딪치는 소리가 왈강달강 들려온다면, 우리는 그의 마음 상태가 편치 않음을 알아차릴 수 있습니다. 아이들은 부모와 더 이상 이야기하고 싶지 않다는 뜻을 소리로 표현하기도 합니다. 문을 쾅 닫고 자기 방으로 들어가는 것이지요. 그것만으로도 속이 상한데, 문을 딸깍 잠그는 소리까지 듣고 나면 부모도 기분이 좋을 수 없습니다.

소리는 이처럼 어떤 한 존재가 처한 정신의 풍경을 넌지시 드러냅니다. 교회당에 들어올 때도 바람처럼 소리 없이 들어오는 분도 있고, 자기 존재를 증명하려는 듯 큰 소리를 내며 들어오는 이들도 있습니다. 저는 제 방에 앉아서 주방에서 들려오는 웃음소리만 듣고도 누가 오셨는지 알아차리곤 합니다.

우리가 무의식적으로 내는 소리도 그의 존재를 드러낸다면, 우리가 사용하는 말은 더욱 그렇지 않겠습니까. 언어는 존재의 집이라는 말이 있습니다만, 우리가 사용하는 말이 곧 우리 자신이라고 해도 과언이 아닙니다. 물론 거칠고 투박한 말을 쓰면서도 마음은 봄

바람처럼 따뜻한 분들도 있습니다. 세련된 말을 구사하면서도 속은 뱀처럼 차가운 이들도 있습니다.

일부러 그런 것도 아닌데, 말을 통해 생명의 봄바람을 일으키는 사람이 있습니다. 감사의 렌즈를 끼고 세상을 바라보는 사람입니다. 그런가 하면 항상 사람들의 마음에 경계심을 불러일으키는 사람도 있습니다. 그는 늘 심각합니다. 세상에 있는 모든 이들과 일들을 향해 그르렁거립니다. 그는 세상을 어둡게 바라보는 법을 익힌 사람처럼 보입니다.

현재를 살라

시편 37편을 묵상하면서 한 주간 '불평하지 말라'는 말씀을 그대로 지키기로 했습니다. 나 나름의 좋음과 나쁨의 잣대를 들이대지 않고 모든 것을 있는 그대로 받아들여 보자는 생각이었습니다. 외부에서 벌어지는 어떤 일들을 있는 그대로 아무런 선입견도 품지 않고 보는 것은 쉬운 일이 아니더군요. 제게 요구되는 다양한 역할을 투덜거리지 않고 수용하는 것도 마찬가지였습니다.

하지만 판단과 투덜거림을 그만두어서인지 마음은 참 평안했습니다. 신문이나 뉴스를 보면서 울화를 삭이는 일도 없었고, 이런저런 걱정으로 초조해하지도 않았습니다. 예기치 않은 일이 벌어져 계획을 수정할 수밖에 없게 되어도 마음의 평안이 흔들리지 않았습니다.

악한 자들이 잘 된다고 해서 속상해하지 말며, 불의한 자들이 잘 산다고 해서 시새워하지 말아라. 그들은 풀처럼 빨리 시들고, 푸성귀처럼 사그라지고 만다(시 37:1-2).

가는 길이 언제나 평탄하다고 자랑하는 자들과, 악한 계획도 언제나 이룰 수 있다는 자들 때문에 마음 상해하지 말아라. 노여움을 버려라. 격분을 가라앉혀라. 불평하지 말아라. 이런 것들은 오히려 악으로 기울어질 뿐이다. 진실로 악한 자들은 뿌리째 뽑히고 말 것이다. 그러나 주님을 기다리는 사람들은 반드시 땅을 물려받을 것이다(시 37:7-9).

살다 보면 하나님의 정의를 의심할 때가 있습니다. 악한 사람은 평탄한 길을 걷는데, 착하게 살아가는 사람들이 고생하는 모습을 볼 때 더욱 그렇습니다. 그런데 시인은 그것 때문에 속상해하지 말랍니다. 불의한 자가 잘사는 것을 시새우지도 말랍니다. 그들은 풀처럼 시들어 버릴 운명이라는 것입니다. 많은 이들이 세상사를 돌아보며 탄식합니다. 미국의 오만함에 분노하고, 북한의 태도에 화를 냅니다.

그러나 달라지는 건 아무것도 없습니다. 어떤 일을 두고 불평하는 순간, 우리는 자신의 의무를 소홀히 할 때가 많습니다. 사람들은 자기의 오만함 때문에 상처 입은 사람들을 보지 않고, 자기의 폭력성 때문에 멍든 가슴들을 보듬으려 하지 않습니다.

"불평하지 말아라." 이 말은 세상에서 벌어지는 어떤 일이든 다 인정하라는 말이 아닙니다. 군인들이 총칼을 들고 사람을 죽이고, 무고한 사람들이 전쟁의 공포 속에 사는 세상, 굶주린 이웃들이 고픈 배를 부여안고 잠드는 세상은 분명 극복해야 할 현실입니다.

그런데도, 불평하지 말라고요? 불평하지 말라는 말은 투덜거리지만 말고 지금 해야 할 일에 집중하라는 말입니다. 그 일이 우리 마음에 들지 않을 수도 있습니다. 시시한 일일 수도 있습니다. 하지만 아주 소중한 삶의 한 요소입니다. 교실이 어지럽혀져 있으면, 누구 잘못인가를 따지기보다는 걸레를 들고 청소를 시작하는 편이 낫습니다. 굶주린 이웃을 보면, 누구 잘못인가를 따지기에 앞서 그를 위해 밥을 지어야 합니다. 이처럼 해야 할 일에 집중하다 보면, 우리를 사로잡았던 격정이나 분노는 매력을 잃게 됩니다.

> 주님만 의지하고, 선을 행하여라. 이 땅에서 사는 동안 성실히 살아라. 기쁨은 오직 주님에게서 찾아라. 주님께서 네 마음의 소원을 들어주신다. 네 갈 길을 주님께 맡기고, 주님만 의지하여라. 주님께서 이루어 주실 것이다(시 37:3-5).

불평하지 않는 비결

불평하지 않고 사는 비결은 주님을 의지하는 데 있습니다. 세상에 대해 누구보다 깊이 염려하시는 분은 하나님이십니다. 얼마 전

버릴수록 우리를
자유롭게 하는 것들

여의도 국회 헌정기념관 강당에서 '캔들 데이 촛불상' 시상식이 열렸습니다. 상업성에 물든 '밸런타인데이'를 봉사와 사랑의 뜻을 기리는 '캔들 데이'로 바꾸자는 문화 운동을 벌이는 한국 대학생 대중문화감시단이 2003년에 처음 제정한 상인데, 자신을 희생해 이웃에게 희망을 주는 사람을 기리는 상입니다. 이 상의 첫 번째 수상자는 이지선 씨였습니다. 이지선 씨는 2000년 7월에 학교 도서관에서 집으로 가다가 음주 운전자가 모는 차에 치이는 사고를 당해 얼굴을 포함한 몸 절반 이상에 3도 화상을 입었습니다. 죽음의 문턱까지 갔던 이 씨는 처음에는 '왜 나를 살렸느냐'며 좌절하기도 했습니다. 그러나 이 씨는 주위의 사랑과 독실한 신앙생활로 열한 번의 피부 이식 수술과 엄지를 제외한 양손 손가락 끝을 모두 잘라 내는 대수술을 받으면서도 삶에 대한 희망을 키워 갔습니다.

2001년 3월 병원 생활을 마치고 집으로 돌아온 이 씨는 그해 4월 자신의 홈페이지 '주바라기'를 통해 사람들 앞에 나서기 시작했습니다. 양손 엄지손가락으로 자판을 두드려 자신이 겪은 아픔과 이를 이겨 나가는 과정뿐 아니라 상처 입은 모습을 담은 현재 사진도 자신 있게 내놓았습니다. 그는 절망의 바다에서 표류하던 많은 이에게 희망의 등대가 되었습니다. 그는 "나를 잃음으로써 더 많은 사람을 가슴으로 안을 수 있게 됐다"고 말합니다. 이지선 씨는 예쁜 얼굴을 잃었습니다. 무지갯빛 꿈도 잃었습니다. 하지만 삶의 더 큰 신비를 보게 되었고, 다른 사람들의 아픈 마음을 함께 느끼게 되었고, 주님의 더 큰 사랑과 마음으로 그들을 만나게 되었습니다.

불평하는 건 쉽습니다. 하지만 불평은 정신적 허약함의 징표입니다. 물론 주어진 삶의 조건을 있는 그대로 받아들이고, 그 속에서 자기가 해야 할 일을 묵묵히 감당하는 것은 어려운 일입니다. 하지만 그것이 지혜이고 용기입니다. 신학자 폴 틸리히는 신앙을 가리켜 '존재에의 용기'라고 했습니다. 소모적인 투덜거림을 그치고, 지금 해야 할 일을 묵묵히 감당하다 보면 하나님이 우리를 인도하고 계심을 느낄 수 있습니다. 신앙은 존재의 연금술입니다. 피하고 싶은 현실, 맘에 들지 않는 현실조차 내 삶으로 받아들여 그 속에서 가장 고귀하고 아름다운 삶의 꽃을 피워 내는 것, 바로 그것이 신앙입니다.

겟세마네 동산에서 예수님은 할 수 있다면 이 쓴잔을 마시지 않게 해 달라고 기도하셨습니다. 하지만 하나님은 침묵하셨습니다. 십자가에 달린 그 시간에도 "아버지, 왜 나를 버리십니까?" 하고 여쭤보았습니다. 그때도 역시 하나님은 침묵하셨습니다. 그럼에도 예수님은 생의 마지막 시간에 하나님의 품에 자기 영혼을 온전히 맡겼습니다. 온전히 하나님의 뜻을 이해할 수 없다 해도, 하나님이 당신을 사랑하고 계심을 알았기 때문입니다.

우리는 때때로 도저히 이해할 수 없는 일들을 만납니다. '왜?'라고 수없이 물어도 납득할 만한 답을 찾을 길이 없습니다. 하지만 한 가지 잊지 말아야 할 것이 있습니다. 하나님은 여전히 우리를 사랑하신다는 사실입니다. 이 사랑을 믿는다면, 이제 불평을 그치고 한 걸음 한 걸음 주님 안에서 걸어가야 합니다. 우리 삶의 궁극적인 의미는 하나님 안에서 드러나게 될 것입니다.

우리는 지금 세상에 어떤 메시지를 전하며 살고 있습니까? 우리가 만들어 내는 소음, 말과 행실을 통해 내보내는 메시지는 누군가의 삶에 영향을 끼치고 있습니다. 누군가의 마음속에 빛을 비출 수도 있고 어둠을 드리울 수도 있습니다. 우리가 이 세상에 있다는 사실이 누군가에게 조그마한 희망과 기쁨이 되었으면 좋겠습니다. 일상의 삶 속에서 행하는 일들 하나하나가 하나님께 바치는 거룩한 산제사가 되기를 바랍니다.

위선과 겉치레

무덥다고는 하지만 벌써 절기는 대서를 지나 입추를 향해 가고 있습니다. 올여름에는 낯선 광경 하나가 도시 풍경에 끼어들었습니다. 손에 들고 다니는 선풍기 말입니다. 남녀노소 할 것 없이 휴대용 선풍기를 들고 다닙니다. 땀이 많이 나는 분들에게는 참 편리한 도구일 것 같습니다만, 낭만적이지는 않습니다. 저는 편리함보다는 낭만에 끌립니다. 윤석중 선생의 노랫말에 박태현 선생이 곡을 붙인 동요 〈산바람 강바람〉을 잘 아시지요? 무더운 여름날 허위단심으로 산길을 걷다가 문득 서늘한 바람과 만나면 그 노래가 저절로 떠오르곤 했습니다.

> 산 위에서 부는 바람 시원한 바람
> 그 바람은 좋은 바람 고마운 바람
> 여름에 나무꾼이 나무를 할 때
> 이마에 흐른 땀을 씻어 준대요

2절은 우리를 더욱 아련한 정경 속으로 이끕니다.

강가에서 부는 바람 시원한 바람
그 바람은 좋은 바람 고마운 바람
사공이 배를 젓다 잠이 들어도
저 혼자 나룻배를 저어 간대요

나무꾼도 사공도 아니지만, 저는 문득 만나는 그런 바람이 참 좋습니다. 선풍기 들고 다닌다고 시비하려는 것은 아니니 절대 오해하지는 마십시오.

사실 제가 드리고 싶은 말씀은 다른 데 있습니다. 거리를 걷는 이들을 물끄러미 바라보노라면 가끔 딱하다는 생각이 들 때가 많습니다. 다들 힘겹게 사는 기색이 역력합니다. 마음에 상처 없는 사람이 없고, 근심 걱정 없는 사람이 없습니다. 에덴의 동쪽에서 살아가는 이들의 어쩔 수 없는 운명인지도 모르겠습니다. 그래서 사람들은 어딘가에 기댄 채 지친 마음을 달래고 싶어 합니다.

무더운 여름날 나그네를 품어 주는 느티나무 그늘처럼 품이 넓은 사람이 그리운 건 그 때문입니다. 문득 불어와 무더위에 지친 영혼을 어루만져 주는 시원한 바람 같은 사람을 만나고 싶습니다. 그저 그가 그 자리에 있다는 사실만으로도 다른 이에게 용기를 주고 위안을 주는 사람이 있습니다. 그런 이들의 존재가 우리 삶을 지탱해 주는 힘입니다.

세상이 너무 거칠어졌습니다. 말과 행동이 다 포악해졌습니다. 마음이 고요할 날이 없습니다. 북한은 ICBM급 미사일을 쏘아 올려 한반도를 긴장 가운데 몰아넣고 있습니다. 며칠 전 한 40대 남성은 길에서 택시를 잡는 자기에게 경적을 울렸다는 이유로 버스 기사를 흉기로 찔렀습니다. 전자 팔찌를 찬 채 여성을 성폭행하려던 이가 붙잡혔습니다. 사소한 일에도 화를 참지 못하는 이들이 늘어납니다. 한동안 사막에서 살아남기, 빙하에서 살아남기, 이상기후에서 살아남기 등의 책이 유행했습니다. 이제는 '폭력이 일상화된 세상에서 살아남기'라는 책이 나와야 할지도 모르겠습니다.

위선이 이끄는 삶

그래서일까요? 센 척하는 사람들이 점점 늘고 있습니다. 정치인들의 막말이 도를 넘고 있습니다. 딴죽걸기, 비아냥거리기, 조롱하기, 무시하기가 생존 전략인 양 횡행합니다. 인터넷 공간에서 사람들의 관심을 끌려는 이들의 언어는 단정적이고, 도발적이고, 당파적입니다. 그래야 관심을 끌 수 있다고 생각하기 때문일 것입니다. 이런 행태의 밑바닥에는 자기 존재에 대한 불안이 있습니다. 그들은 다른 이들의 인정을 통해 자기 존재를 확인하려는 약자들입니다. 그들은 자기들의 글에 반응이 없으면 불안해합니다. 자기 존재를 부정당한 것처럼 생각하기 때문입니다. 그러면 더 자극적인 언어나 논리를 사용합니다. 악순환입니다. 이런 이들로 말미암아 우리가 사는 세상이 후텁지근해졌습니다. 시원한 그늘, 선선한 바람 같은 존재가 될 수는 없을까요?

산상수훈에서 주님은 유대인들이 경건 생활의 핵심이라 생각했던 자선과 기도와 금식에 대해 가르치셨습니다. 이 세 가지 경건 행위에서 예수님이 공히 경계하신 것은 '위선'입니다. 위선은 본심에서 우러나오는 행동이 아니라 겉으로만 하는 착한 일을 뜻합니다. '거짓' 혹은 '속이다'라는 뜻의 '위(僞)'자는 '사람 인(人)'변에 '할 위(爲)' 자가 결합하여 있습니다. 사람의 눈을 의식해서 하는 행동이 곧 거짓이요 위선이라는 말일 겁니다. 그렇기에 주님은 제자들에게 자선을 베풀든, 기도를 하든, 금식을 하든 '사람들 앞에서' 혹은 '사람들에게 보이려고' 해서는 안 된다고 말씀하셨습니다. 그들은 자기들이 받을 상을 이미 받았다는 것입니다.

너희는 남에게 보이려고 의로운 일을 사람들 앞에서 하지 않도록 조심하여라. 그렇지 않으면, 너희는 하늘에 계신 너희 아버지에게서 상을 받지 못한다. 그러므로 네가 자선을 베풀 때에는, 위선자들이 사람들에게 칭찬을 받으려고 회당과 거리에서 그렇게 하듯이, 네 앞에 나팔을 불지 말아라. 내가 진정으로 너희에게 말한다. 그들은 자기네 상을 이미 다 받았다(마 6:1-2).

사람들이 위선적인 행동을 하는 까닭은 무엇일까요? 먼저는 일종의 자기 위안입니다. 늘 이기적인 욕망에 따라 살지만, 가끔 선한 일을 행함으로써 자기가 그래도 괜찮은 사람이라고 스스로 믿고 싶어 하는 것입니다. 구걸하는 이에게 돈 몇 푼 쥐어 주거나 수레를 조금 밀어 주고는 스스로 기꺼워하기도 합니다. 남들에게 자기를 멋지게 포장하기 위해 자선을 베푸는 이들도 있습니다. 그러나 인간에 대한 존중에 바탕을 두지 않은 선행은 자기를 치장하는 장신구에 불과합니다.

진실이 아닌 위선이 삶을 이끌 때 우리 영혼은 더욱 황폐해집니다. 제대로 주기 위해서는 먼저 자기를 지우는 연습을 해야 합니다. 준다는 의식조차 없는 게 좋습니다. 주는 행위가 시혜를 베푸는 행동이 될 때, 주는 사람과 받는 사람 사이에는 비대칭적 권력 관계가 생겨납니다. 그러기에 상대방이 굴욕감을 느끼지 않도록 세심하게 배려해야 합니다. 그러려면 물질보다 먼저 우리 자신을 선물로 주어야 합니다. 예수님은 아무것도 가진 것이 없었기에 당신 자신을 다른 이들에게 선물로 주셨습니다. 예수라는 존재 자체가 사람들에게 선물이었다는 말입니다. 레바논의 시인 칼릴 지브란은 주는 것에 대해 이렇게 말했습니다.

주면서도 싫은 생각이 없고, 즐거움을 위하는 맘도 없고, 덕으로 여기는 생각조차 없이 주는 사람이 있다. 그들의 줌은 마치 저 건너 골짜기의 상록수가 공중을 향해 그 향을 뿜는 것과도 같은 것이다. 그런 사람들의 손을 통해 하나님은 말씀하시고 그들의 눈 뒤에서 하나님은 땅을 향해 빙긋이 웃으신다. 청함을 받고 주는 것이 좋으나, 청함을 받기 전에 알아차리고 줌은 더 좋다.[5]

잘 주고, 잘 받기

주는 이들도 잘 주어야 하지만, 받는 이들도 잘 받아야 합니다. 받는 이들도 괜히 주눅이 들거나 부끄러워할 이유가 없습니다. 물론 게으름이나 무절제한 삶으로 누군가의 도움을 받아야 한다면 사정이 조금 다르기는 합니다. 그러나 아무리 애써도 곤경에서 벗어나기 어려운 이들은 스스로 일어설 수 있을 때까지 누군가의 도움을 받을 수밖에 없습니다. 칼릴 지브란은 받는 이들에게 이렇게 당부합니다.

그리고 너희 받는 자들아, 인생은 다 받는 자다. 신세 진다는 생각을 말라, 그러면 너희와 너희에게 주는 자 위에다 멍에를 메움이 된다. 차라리 주는 자와 한 가지 그 선물을 날개처럼 타고 위에 오르라. 지나치게 빚진 생각을 함은 아낄 줄 모르는 땅을 그 어머니로 삼고 하나님을 그 아버지로 삼는 그의 넓은 가슴을 도리어 의심하는 일이 되느니라.[6]

세상이 불공평한지라 누군가의 도움 없이는 살기 어려운 이들이 있게 마련입니다. 국가가 존재하는 이유는 그러한 불공평을 가급적 해소하여 모두가 자기 존엄을 유지하며 살 수 있도록 돕는 것일 겁니다. 몇 년 전부터 젊은이들 사이에 '헬조선'이라는 단어가 유포되고 있습니다. 지옥을 뜻하는 '헬'과 전근대의 표상인 '조선'이 결합되어 묘한 느낌을 줍니다. 이 용어에는 동등한 기회를 부여받지 못한 젊은이들의 한이 담겨 있습니다. 알바 청년, 비정규직 노동자, 빈곤 노인이 점점 늘고 있습니다. 가난은 나라님도 해결할 수 없다는 말이 있습니다만, 빈곤을 영속화하는 세상을 바로잡는 것은 국가와 모든 시민의 책임이라 할 수 있습니다. 토라의 핵심은 '가난한 이들에 대한 우선적 관심'이라는 말로 요약할 수 있습니다.

> 너희는 너희에게 몸 붙여 사는 나그네를 학대하거나 억압해서는 안 된다. 너희도 이집트 땅에서 몸 붙여 살던 나그네였다. 너희는 과부나 고아를 괴롭히면 안 된다. 너희가 그들을 괴롭혀서, 그들이 나에게 부르짖으면, 나는 반드시 그들의 부르짖음을 들어주겠다(출 22:21-23).

하나님은 세상의 못난 사람들이 내는 신음을 외면하시는 분이 아닙니다. 그들 역시 당신의 작품이기 때문입니다. 주님은 추수할 때 밭의 한 모퉁이는 남겨 두라 이르셨습니다. 그 마을에 함께 사는 고아와 과부와 나그네를 배려하기 위해서였습니다. 성경은 그것이 땅의 주인이신 주님의 당연한 요구라고 가르칩니다. 하나님의 백성들은 돈을 꾸어 주었다고 해서 빚쟁이처럼 독촉해서도 안 되고, 겉옷을 담보로 잡으면 해가 지기 전에 돌려주어야 했습니다. 안식년이 되면 땅을 놀리고 묵혀서, 거기서 자라는 것이 무엇이든 가난한 사람들과 들짐승이 먹게 해야 했습니다. 희년이 되면 가난에 몰려 남에게 넘길 수밖에 없었던 땅이 원주인에게 돌아가야 했고, 종으로 팔렸던 사람도 가족에게 돌아가야 했습니다. 예수님은 공생애를 시작하면서 바로 이런 세상의 꿈이 당신을 통해 시작된다고 말씀하셨습니다.

돈이 지배하는 세상의 주민으로 확고히 편입된 사람들은 하나님의 뜻을 수행할 능력을 잃어 갑니다. 우리가 속한 세상은 새로운 상품에 대한 매혹과 뒤처질지 모른다는 불안감을 교묘하게 결합하여 우리가 소비 사회의 신민이 되게 강제합니다. 돈은 우리에게 편리함을 안겨 주지만 깊은 행복감을 주지는 못합니다. 인간의 진정한 행복은 다른 이들과의 깊은 결속과 사랑에서 비롯되기 때문입니다. 주님은 불의한 재물로 친구를 사귀라 하셨습니다. 돈이 주는 매혹이 사람들을 어처구니없는 상황으로 몰아가기도 하지만, 그 돈을 잘 쓰면 우정의 세상을 열어갈 수도 있다는 뜻일 겁니다.

진실한 사람의 길
후암동 쪽방촌 사람들과 함께 살면서 위기 가정을 돕는 사역을 하는 김용삼 목사님은 '희망 나눔 우체통' 운동을 벌이고 있습니다. 교회 앞에 빨간색 우체통이 하나 놓여 있는데, 거기에는 이런 메시지가 적혀 있습니다. "아래의 경우 희망 나눔 우체통에 필요 사항과 주소를 적어 넣어 주세요. (절대 비밀로 합니다) 1. 쌀이 떨어진 가정, 비밀리에 적힌 주소로 쌀을 보내드립니다. 2. 실직 등으로 거리로 내몰릴 위기 가정, 구청에 알림/구청의 확인 절차 후 월세 등 긴급지원. 3. 힘겨운 이웃들에게 위로와 힘이 되어 줄 분도 편지를 넣어 주세요." 희망 우체통은 위기 가정을 발굴하는 역할도 하고 있습니다. 얼마 전 부산에서 독거노인들의 주검이 연달아 발견되었다는 뉴스를 본 적이 있습니다. 희망 나눔 우체통은 그런 위기에 처한 이들에게 던져진 밧줄입니다.

전북 완주군 이서면에는 '행복 채움 나눔 냉장고'가 있다고 합니다. 필요한 사람은 누구나 와서 마음껏 음식을 가져갈 수 있는 냉장고입니다. 관에서 시작한 일인 것 같은데, 그것이 이제는 시민들의 자발적인 운동으로 전환되고 있습니다. 음식을 가져다가 먹는 이들은 참 고맙다는 메시지를 남기고, 음식을 채워 넣는 이들은 살아보라, 버텨보라는 격려 문구를 남기기도 합니다. 가난한 이들을 발생시키는 사회의 구조적 문제를 등한히 해서는 안 되겠지만, 이런 소박한 실천을 통해 함께 살아가는 연습을 하면 좋겠습니다.

예수님은 자선을 베풀 때는 오른손이 하는 일을 왼손이 모르게 하라면서도, "남모르게 숨어서 보시는 네 아버지께서 너에게 갚아

주실 것이다"(마 6:4)라고 말합니다. 하지만 저는 그런 기대조차 내려놓자고 말하고 싶습니다. 작은 선행을 하고는 남에게 알리고 싶어 나팔을 부는 일을 그만둘 때 우리 영혼의 근육이 조금씩 자라납니다. 위악적인 사람들과 위선적인 사람들은 모두 딱한 이들입니다.

우리는 진실한 사람의 길로 초대받은 사람들입니다. 존 웨슬리는 감리교도들에게 할 수 있는 한 모든 방법으로, 할 수 있는 한 오래오래, 할 수 있는 한 모든 사람에게, 할 수 있는 한 모든 때에 선을 행하라고 권했습니다. 이런 부름에 응답하는 기쁨을 한껏 누리시기를 빕니다.

자랑과 과시

가끔 강연이나 설교 부탁을 받으면 제일 귀찮은 것이 강사 경력을 알려 달라는 것입니다. 신학교를 나왔고 지금 청파교회 목사라고 하면, 다른 경력은 없냐고 묻습니다. 그리고는 저서와 번역서를 묻습니다. 그것이 설교나 강연에 왜 필요한지 모르겠습니다. 우리는 그 사람의 존재 자체로 그를 이해하지 않고, 그의 학력과 경력으로 사람을 이해하는 습성이 있습니다. 어떤 분의 이력서를 보면 A4용지로 몇 장이 됩니다. 학력, 경력, 시상 기록은 물론이고 어디에 연수 여행을 갔던 것까지 세세히 기록되어 있습니다. 그런 이력서를 보면 갑자기 다리가 저립니다. 이력서에서 '이履'는 신발을 뜻하고 '력歷'은 지낸다는 뜻이니까, 이력서란 결국 걸어온 흔적을 드러내는 것이기 때문입니다.

물론 나쁜 기록은 이력서에 남기지 않습니다. 실패의 경험이랄지 부끄러운 기억은 말끔히 지우고, 남들에게 알리고 싶은 밝은 면만 기록합니다. 자신의 능력과 존재를 인정받고 싶은 것은 모든 사람의 당연한 욕망일 겁니다. 그런데 문제는 거기에 익숙해져서, 남이 우리를 칭찬하고 칭송하면 기뻐하고, 그렇지 않으면 의기소침해진 다는 것입니다. 이는 정신의 미성숙을 단적으로 드러냅니다. 독립하 지 못한 정신이라는 말입니다.

우리는 이따금 좋은 일도 하면서 삽니다. 스스로 생각해도 기특 할 때가 있습니다. 그런데 도움을 받은 사람이 감사를 표하지 않으 면 속에서 불편한 마음이 고개를 듭니다. "정말 고맙습니다"라고 하 면 "별말씀을 다 하시네요"라고 하겠는데, 그럴 기회조차 안 주는 사 람이 슬그머니 미워지기도 합니다. 이때 우리는 상처 입은 마음을 보상받기 위해 감사할 줄 모르는 그 사람의 이야기를 누군가에게 꺼 내고, 그러면서 은근히 자기의 선행을 드러냅니다. 이때부터 선행에 서 악취가 나기 시작합니다.

과시 욕구

예수님은 가장 좋은 것이 때로는 고황지질膏肓之疾, 즉 고황에 들 어 고치기 어려운 병이 될 수 있음을 꿰뚫어 보고 계셨습니다. 유대 인들은 경건한 신앙인들이 꼭 해야 할 것으로 세 가지를 들었습니 다. 자선과 기도와 금식이 그것입니다. 기도와 금식은 하나님과의 관 계를 바로 유지하기 위해 꼭 필요한 것이고, 자선은 이웃과의 관계 를 바로 하기 위해 꼭 필요한 것입니다. 그런데 경건의 덕목이 본래 의 지향점을 잃고 자기 과시 수단으로 변질되면, 영혼은 병들게 마련입니다. 사람들 들으라고 하는 기도, 남의 눈을 의식해서 하는 긴 기도는 경건에 도움이 되지 않습니다. 금식도 마찬가지입니다. 하나님 앞에 오롯이 집중해야 함에도 자랑하고 싶은 마음이 드는 순간 금식은 고행으로 변질됩니다. 견디는 것이지요. 헌금을 드리면서도 십의 오조를 바쳤음을 드러내고 싶은 마음은 병든 마음입니다.

예수님은 그런 태도를 '사람에게 보이려고'라는 한마디로 요약하십니다. 보는 사람이 없으면 안 할 수도 있다는 말일 겁니다. 누가 보기 때문에 하는 일은 즐거운 일work이 아니라 소외된 노동labour, 강요된 노동입니다. 따라서 그는 자유인이 아니라 노예입니다. 노예의 노동에는 기쁨이 없습니다. 시베리아에서 강제 노동을 경험했던 도스토옙스키는 《죽음의 집의 기록》이라는 책에서 강제 노동의 어려움은 그 고달픔과 끝없음 탓이 아니라 몽둥이 밑에서 의무적으로, 강제적으로 해야 한다는 점에 있다고 했습니다. 바깥세상에서도 농부는 그와는 비교할 수 없을 정도로 많은 일을 하지만, 자기 자신을 위해, 합리적인 목적을 위해 일하기에 훨씬 수월하게 그 일을 한다는 것이지요. 그래서 사람을 완전히 짓밟아 버리기를 원하면, 아무런 의미도 없는 노동을 부과하면 된다고 합니다.

사람에게 보이려고 하는 일에는 내적 기쁨과 감사가 없습니다. 즉, 자기 발생적 기쁨이 없다는 말입니다. 그의 기쁨은 항상 남의 평판에 기대 있기 때문입니다.

64

자랑과 과시의 노

예수님은 사람에게 보이려고 하는 일체의 행동에 대해 단호하게 말씀하십니다. "그들은 자기네 상을 이미 다 받았다"(마 6:5). 이 말씀에는 어떤 타협의 여지도 없습니다. 이것은 삶의 실상입니다. 우리는 물론 '위에서 부르신 부르심의 상'을 바라보며 살지만, 상 자체에 집중하지는 않습니다. 상이 유일한 목적이라면 그 과정에 기쁨이 없기 때문입니다. 상은 삶의 결과로 주어지는 것이지, 우리가 좇아야 할 궁극의 목적이 되어서는 안 됩니다.

칭찬을 기대하면서 자기 선행을 다른 이들에게 발설하는 순간, 하나님의 상은 안개처럼 흩어지고 만다고 예수님은 말씀하십니다. 이미 자신이 '시상자'인 동시에 '수상자'가 되었기 때문입니다. 우리는 이 말씀을 무겁게 받아들여야 합니다. 자랑과 과시의 노를 저으면 하나님의 마음에서 점점 멀어지게 됩니다.

우리가 마음속에 새겨 두어야 할 것이 있습니다. 세상 사람이 우리를 알아주지 않아도 하나님은 우리의 행실을 보고 계시고, 또 다 기억하신다는 사실입니다. 사라의 여종이었던 하갈이 집에서 내쫓겨 광야를 방황할 때, 하나님은 그를 찾아가서서 위로하시고 희망에 찬 미래를 약속하셨습니다. 감격한 하갈은 그 하나님을 엘 로이, 즉 '보시는 하나님'이라고 불렀습니다. 하나님이 우리를 보고 계십니다.

예수님은 "오른손이 하는 일을 왼손이 모르게 하여"(마 6:3)라고 하십니다. 이웃과 가족은 물론 마음속으로라도 떠벌리려는 자만심이나 집착 없이 너그럽게 베풀라는 충고일 것입니다. 그런데 이게 참 어렵습니다. 우리가 받는 가장 큰 유혹은 남 앞에 나를 드러내고 싶고, 내가 한 일에 대해 과분할 정도로 칭찬받고 싶어 하는 것이기 때문입니다. 아담과 하와를 유혹했던 뱀과, 예수님을 시험했던 사탄은 허영심이라는 틈을 통해 우리 속에 깃듭니다. 뱀과 사탄은 인격을 다듬고 덕을 크게 하는 일보다 허영과 간판에 더 큰 가치를 두라고 우리에게 속삭입니다.

허영의 풍랑

이런 유혹에 귀를 기울이지 않는 사람이야말로 '참사람', '큰사람'이라 할 수 있습니다. 이런 사람은 겉으로 보기에는 흠모할 만한 것이 없습니다. 하지만 가만히 살펴보면 이런 이들이야말로 다른 이들을 복되게 합니다. 노자는 "가장 큰 선은 물과 같다上善若水. 물은 만물을 이롭게 하면서 다투지 않고水善利萬物而不爭, 뭇사람들이 싫어하는 곳에 처한다處衆人之所惡"라고 했습니다. 남을 이롭게 하려고 손해를 마다하지 않는 사람은 물 같은 사람입니다. 그런 사람이 되려면 치열하게 허영심과 싸워야 합니다. 허영심을 여읜 사람만이 이렇게 고백할 수 있습니다.

우리는 속이는 사람 같으나 진실하고, 이름 없는 사람 같으나 유명하고, 죽는 사람 같으나, 보십시오, 살아 있습니다. 징벌을 받는

버릴수록 우리를
자유롭게 하는 것들

사람 같으나 죽임을 당하는 데까지는 이르지 않고, 근심하는 사람 같으나 항상 기뻐하고, 가난한 사람 같으나 많은 사람을 부요하게 하고, 아무것도 가지지 않은 사람 같으나 모든 것을 가진 사람입니다(고후 6:8-10).

때로는 우리가 행하는 선행이 우리를 영적으로 타락하게 할 때가 있습니다. 가장 아름다운 선행은 자기 자신도 의식하지 못하는 것입니다. 날마다 우리 속에서 일어나는 허영의 풍랑을 잔잔하게 하십시오. 갈릴리 호수에서 제자들이 그랬던 것처럼 우리 속에 잠들어 계신 예수님을 깨워야 합니다. 하나님 앞에 엎드려 우리 내면을 살피면서, 주님이 주시는 능력을 덧입지 않고는 우리 내면에서 향기가 풍길 수 없습니다.

그다음에는 선행의 기회를 주시는 하나님께 감사하면서 즐겁게 그 일에 동참해야 합니다. 나눔과 섬김을 통해 평화의 새 세상을 열기 원하시는 주님이 우리를 부르고 계십니다. 우리가 참여하는 작은 실천은 이 냉랭한 세상에 희망의 씨앗 한 줌을 뿌리는 것이 될 것입니다. 바울의 고백이 우리의 고백이 되기를 바랍니다.

나는 나에게 능력을 주신 우리 주 그리스도 예수께 감사를 드립니다. 주님께서 나를 신실하게 여기셔서, 나에게 이 직분을 맡겨 주셨습니다(딤전 1:12).

병적인 자부심

21세기를 가리켜서 '유목민'의 시대라고 말한 사람이 있습니다. 유목민은 어디 한 곳에 정착해서 사는 것이 아니라 물과 목초지를 찾아 끝없이 이동하면서 삽니다. 그들의 삶은 단출합니다. 많은 것을 소유할 수 없습니다. 이동에 장애가 되기 때문입니다. 의미가 다르긴 하지만 현대인들도 끝없이 이동합니다. 사람들은 세상의 흐름에 재빠르게 자기를 맞추어 갑니다. 변화에 적응하지 못하면 살아남기 어렵기에 그렇습니다. 길거리 가게 간판이 바뀌는 시간이 점점 짧아집니다. 사람들의 시선을 끌기 위해 간판은 점점 커지고, 상호도 자극적으로 변합니다. 바야흐로 변신의 세월입니다. 홍길동이 따로 없습니다.

사람들은 자기를 다른 이들에게 알리고자 노력합니다. 사람들에게 좋은 인상을 주려고 얼굴을 뜯어고치기도 하고, 이름을 바꾸기도 합니다. 그런가 하면 자기의 장점을 알리려고 동원할 수 있는 모든 수단을 동원합니다. 요즘은 회사에서 신입 사원을 뽑을 때 '자기

버릴수록 우리를
자유롭게 하는 것들

소개서'를 요구합니다. 특별 전형으로 학생을 뽑는 대학 입시에서도 마찬가지입니다. 젊은이들은 고민합니다. 어떻게 하면 나를 돋보이게 할 수 있을까. 내가 누구인지는 그다지 중요하지 않습니다. 나를 어떻게 포장해서 상품화할 수 있을까, 이게 문제입니다. 포장지 색깔은 점점 화려해집니다. 지금 우리 문화는 자기 머리를 자기가 쓰다듬는 행위를 격려하고 있는 것 아닌가요? 아무러하든 자화자찬은 위험합니다.

위험한 자화자찬

나만큼 의로운 사람이 어디 있냐?

나만큼 순수한 사람이 어디 있냐?

나만큼 똑똑한 사람이 어디 있냐?

나만큼 헌신적인 사람이 어디 있냐?

이 정도면 병적입니다. 예수님 당시에도 이런 사람이 많았습니다. 아시다시피 그들은 바리새인, 서기관, 제사장들이었지요. 그들은 자기 삶에 대단한 자부심을 안고 살았습니다. 사실 자부심을 느낄 만한 삶이었지요. 자부심自負心이란 스스로 제 가치나 능력을 믿는 마음 아닌가요? 그들은 율법에 철저했고 생활에 규율이 있었습니다. 문제는 자기들이 대단하다는 생각이 다른 사람과의 관계에서 병적으로 표현되는 것이지요. 바울 사도는 자랑하는 이들에게 이렇게 말했습니다.

각 사람은 자기 일을 살펴보십시오. 그러면 자기에게는 자랑거리가 있더라도, 남에게까지 자랑할 것은 없을 것입니다(갈 6:4).

향가 연구로 유명한 양주동 선생은 스스로 '국보'라 자부했고, 도올 김용옥은 자기만 한 선비가 없다고 합니다. 그런데 진짜 선비는 그러는 게 아니지요. 내로라하는 자부심은 사탄에게 기회를 주기 쉽습니다. 사탄이 하는 일은 다른 이들과의 친밀한 사귐을 가로막는 것입니다. 귀신 들린 사람들은 다른 이들에게 귀를 막고, 담을 쌓고 삽니다.

자부심이라는 게 자칫하면 다른 이들에 대한 멸시로 변하기 쉽습니다. 남들은 다 시시해 보이는 거지요. 그들은 남들에게 배우려고 하지 않습니다. 할 이야기만 있고 들을 이야기는 없습니다.

갑각류를 닮은 사람들

동물 가운데 갑각류甲殼類 아시지요? 갑각류는 내부에 뼈가 없어서 물렁물렁한 기관들을 보호하려고 보호 기능이 뛰어난 키틴질 갑각 안에 숨습니다. 그런데 문제는 자기를 지켜 주는 그 딱딱한 껍질 때문에 외부 세계와 잘 교류하지 못한다는 겁니다.

바리새인으로 대표되는 교조주의적인 사람들은 갑각류를 닮았습니다. 자기 나름의 형식과 틀에 머물면서 나름대로 자부심을 안고 삽니다. 하지만 그들의 영혼에는 새로운 것을 받아들일 여백이 없고,

다른 이의 고통과 슬픔에 반응할 줄도 모릅니다. 자기들 기준에 맞지 않는 것은 다 배척합니다. 그들의 상태를 예수님은 적절한 비유로 드러내셨습니다.

그들은 마치 어린이들이 장터에 앉아서, 서로 부르며 말하기를 '우리가 너희에게 피리를 불어도, 너희는 춤추지 않았고, 우리가 애곡을 하여도 너희는 울지 않았다' 하는 것과 같다(눅 7:32).

그들은 다른 이들과 함께 사는 것이 아니라, 남들의 법관을 자처하고 삽니다. 경건의 옷을 입고 사람들의 삶을 판정하는 것이지요. 판단 기준은 매우 자의적입니다. 제멋대로라는 말입니다. 금욕적으로 사는 세례 요한을 보고는 귀신들렸다고 하고, 사람들과 어울려 신명 나게 사는 예수님을 보고는 점잖지 못하다고 비난합니다. 그들의 눈은 칼을 닮았습니다. 모든 것을 가릅니다. 유대인과 이방인, 의인과 죄인, 남자와 여자….

그들의 눈에 비친 예수님은 문제 인물이었습니다. 그래서 그들은 예수님에게 낙인을 찍습니다. 과거 독재 정권 시절에 많이 보았던 광경입니다. 정권에 비판적인 사람들에게 가차 없이 '빨갱이'라는 낙인을 찍어 매장했던 것 기억나시지요? 낙인을 찍는 이유는 그를 다른 사람들에게서 '분리'해서 지배하기 위함입니다. 예수님에게 찍힌 낙인은 '먹기를 탐하고 포도주를 즐기는 사람', '세리와 죄인의 친구'입니다.

유대교에서도 그렇고 중세 수도원 전통에서도 그렇고, 경건을 추구하는 사람이 가장 경계해야 하는 것 가운데 하나가 식탐입니다. 음식에 게걸스럽고 포도주를 마신다는 사실 하나만으로도 그는 진리를 추구하는 사람이 아니라는 혐의를 받습니다. 바리새인들과 율법사들이 예수님의 이미지를 망가뜨리려고 그런 별명을 붙인 것이지요. 이를 인격 말살이라고 합니다. 그들은 더 나아가서 '세리와 죄인의 친구'라는 낙인까지 찍음으로써 예수를 기피 인물로 만들려고 했습니다.

하지만 그들이 찍은 낙인이 전혀 근거 없는 것은 아닙니다. 예수님은 정말로 먹고 마시는 것을 즐기셨습니다. 세리와 죄인들과도 허물없이 어울리셨습니다. 그러니까 바리새인들의 말이 틀린 것은 아닙니다. 물론 악의를 품고 하는 말이기는 하지만 말입니다. 여기서 우리는 근본적인 질문 앞에 섭니다.

그들과 어울리는 것이, 인생을 즐기며 사는 것이 비난받아야 할 일인가?

나의 순수함을 지키려고 나와 여러모로 다른 사람을 상대하지 않는 것이 잘하는 것인지, 아니면 다른 이들과 어울려 살면서 그들에게 좋은 영향을 끼치는 것이 잘하는 것인지, 우리는 답해야 합니다. 세상이 어지럽다고 산으로 들어가 버리는 이들의 뒷모습이 아름다운지, 어지러운 세상을 조금이나마 밝히려는 마음을 품고 산에서

내려오는 이의 앞모습이 아름다운지, 이것이 문제입니다. 사람마다
답은 다를 것입니다.

대학 1장은 공부하는 사람이 무엇을 추구해야 하는지를 다음과
같이 가르칩니다.

大學之道 在明明德 在親民 在止於至善.
큰 배움의 길은 밝은 마음을 더욱 밝히는 데 있고, 사람들과 하나
되는 데 있고, 지극한 선에 머무는 데 있다.

바리새인과 율법학자들은 흔히 말하는 엘리트들입니다. 밝은
마음을 더욱 밝게 하려고 노력하는 사람들입니다. 그리고 하나님^{至善}
안에 머물려고 애쓰는 사람들입니다. 그러나 그들에게는 한 가지가
부족했습니다. 티끌 속을 뒹구는 사람들을 가까이해^{親民} 그들이 아름
다운 삶을 살도록 이끄는 책임을 소홀히 한 것입니다. 그들은 "까마
귀 노는 골에 백로야 가지 마라"식의 태도로 살아갑니다.

하나님이 그들에게 배움의 기회를 주신 것은 다른 이들의 삶을
판단하고 정죄하라는 것이 아닙니다. 남다름을 뽐내라는 것도 아닙
니다. 시내산에서 하나님을 만나고 내려온 모세는 하나님의 말씀을
백성들에게 전하고는 자기 얼굴을 수건으로 가렸습니다(출 34:29-35).
전할 때는 빛나는 얼굴로 하지만 백성들과 일상의 삶을 살 때는 자
기 빛을 가린 겁니다. 시쳇말로 사람들 앞에서 '광^光'내는 데는 취미

가 없었던 것이지요.

발목을 잡아채는 덫

예수님은 친민親民하는 분이셨습니다. 누구도 멀리하지 않으셨습니다. 예수님은 세리와 죄인, 심지어 품행이 좋지 않다고 소문난 여성까지도 친교의 자리에 받아들이셨습니다. 마음을 열고 주님과 만난 이들은 다 변화되었습니다. 예수님은 젠체하는 태도로 그들을 대하지 않으셨습니다. 그들과 함께 웃고 울면서 그들의 마음 깊은 곳에 희망과 사랑의 씨앗을 심으셨습니다.

바리새인의 백색 순수가 위대합니까? 사람들과 사귀면서 그들 속에 아름다움을 창조하시는 예수님이 위대합니까? 우리가 어떤 사람인 줄 알려면 우리와 만나는 사람들이 어떤 모습으로 변하는지 살펴보면 됩니다. 다른 사람의 허영심을 부추기거나, 사람의 품성을 타락시키는 일에 관심을 기울이게 한다면 문제입니다. 마음의 빗장을 더 굳게 지르고 살게 한다 해도 마찬가지입니다.

성도들은 희망을 불러일으키는 사람이어야 합니다.

사랑을 전염시키는 사람이어야 합니다.

신뢰를 심는 사람이어야 합니다.

따뜻함을 전하는 사람이어야 합니다.

하늘을 외경하는 마음을 불러일으키는 사람이어야 합니다.

내로라하는 헛된 자부심이 때로는 우리의 발목을 잡아채는 덫이 될 수 있습니다. 나는 깨끗하고, 나는 의롭다는 생각이 다른 이들을 배척하게 합니다. 하나님 앞에 의로운 인생이 어디 있습니까? 조심하십시오. 다른 이들을 무자비하게 판단하는 자가 되는 순간, 우리는 악마의 손아귀에 확고히 사로잡히게 될 것입니다.

자기 빛을 가리고, 죄인으로 규정된 이웃들 속에 살면서 그들을 아름다움의 길로 이끄셨던 예수님의 길을 따라 걷는 우리가 되기를 기원합니다.

2부

채워지지

않는

욕심 그릇

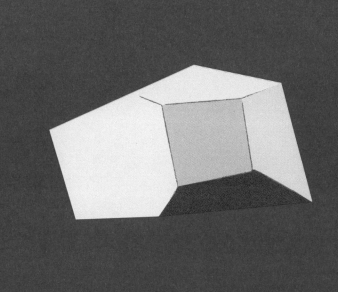

조금 덜 갖고 조금 더 불편하게 살기로 마음먹는 순간

행복이 우리 곁에 다가옵니다.

애착에서 벗어나는 순간,

예수 그리스도의 빛이 우리 속에 비쳐 들기 시작합니다.

만족을 모르는
소유욕

대학에서 학생들을 가르치는 신학자 구미정이 재미있는 일화를 들려주었습니다. 칠판에 데카르트의 "나는 생각한다. 그러므로 존재한다"라는 유명한 명제를 제시하며, 칠판에 "나는 (   )다. 그러므로 존재한다"라고 쓰고는 괄호를 채워 보라고 주문했습니다. 학생들은 상당히 곤혹스러운 표정을 지었다고 합니다. 매일 다람쥐 쳇바퀴 돌듯 습관적으로 사는 터에 갑자기 자기 존재에 관해 물으려니 그럴 만도 합니다.

얼마 지나지 않아 망설이던 학생들 입에서 재기발랄한 답이 쏟아져 나왔습니다. 한 학생이 "나는 취업한다. 그러므로 존재한다"라고 비장하게 말하자 격려의 박수가 나왔습니다. 한 학생이 "나는 연애한다. 그러므로 존재한다"라고 말하자 야유와 질투가 섞인 함성이 쏟아졌습니다. 힙합풍으로 차려입은 폭주족 남학생이 "나는 질주한다. 그러므로 존재한다"라고 선언하자, 강의실은 급기야 환호의 도가니로 변했습니다. 하지만 가장 많은 지지를 받은 명제는 이것이었다고 합니다. "나는 쇼핑한다. 그러므로 존재한다." 하루라도 뭔가를 구매하지 않으면 좀이 쑤시는 세태를 이보다 절묘하게 표현할 수는 없을 것입니다.[7]

뭔가를 소유하고 싶은 인간의 욕망은 유구悠久합니다. 하지만 지금처럼 소유에 대한 욕망이 부풀려진 시대도 찾기 어려울 것입니다. 우리는 하루에도 수백 수천 건의 광고와 대면하고 삽니다. 텔레비전 화면에는 잘 생기고 멋진 젊은이들, 혹은 중후한 중년들이 등장해서 인간다운 삶이란 이런 거라며 청하지도 않은 가르침을 베풉니다. 졸지에 그것을 소유하지 못한 이들은 불행한 인간으로 전락하고 맙니다. 구미정 박사는 이런 세태를 예의 발랄한 어조로 이렇게 말합니다. "구매하라. 그리하면 너와 네 집이 구원을 얻으리라." 구매력이 곧 그 사람의 존재와 등가로 취급되는 세상입니다. 몹쓸 세상이지요.

열 번째 계명은 우리에게 "너희 이웃의 집을 탐내지 못한다. 너희 이웃의 아내나 남종이나 여종이나 소나 나귀나 할 것 없이, 너희 이웃의 소유는 어떤 것도 탐내지 못한다"(출 20:17)라고 못 박듯 말합니다. 탐심은 야금야금 우리 마음을 갉아먹어 마침내 하나님의 뜻을 행할 능력을 고갈시키고 맙니다. 여호수아 7장도 탐심이 빚어낸 비극을 들려줍니다.

예기치 못한 패전

억압의 땅 이집트를 벗어난 탈출 공동체는 40년의 광야 생활을 마감하고 바야흐로 가나안 땅에 들어가게 되었습니다. 제방까지 물이 차오른 요단강은 언약궤를 앞세운 제사장과 이스라엘 앞에 길을 열어 주었습니다. 그들은 마른 땅을 밟고 강을 건넜고, 열두 개의 돌을 주워 기념비로 세웠습니다. 길갈에 이르러서는 이집트에서 겪은 수치를 없애는 의미로 할례를 행했습니다. 강성했던 여리고성도 함락시켰습니다. 주께서 그들과 함께하셨기 때문입니다. 그들 앞에는 거칠 것이 없어 보였습니다.

하지만 문제는 늘 예기치 않은 곳에서 발생합니다. 탈출 공동체는 기세등등하게 서진을 계속했습니다. 그리고 예루살렘에서 북쪽으로 16킬로미터쯤 떨어진 구릉 지대에 자리한 '아이'라는 성읍에 이르렀습니다.

사령관 여호수아는 정탐꾼을 보냈고, 정탐꾼들은 돌아와 호기롭게 보고했습니다. 큰 힘을 들이지 않아도 아이성쯤은 정복할 수 있다고 했습니다. 여호수아는 3천 명의 군사를 보내 아이성을 치게 했습니다. 고고학 발굴에 의하면 실제로 이 성읍이 수용할 수 있는 인구는 고작해야 1천 명 정도였다니 전술적으로 보아도 꽤 적절한 조치였던 것 같습니다.

하지만 결과는 패배였습니다. 처음 경험한 패전으로 사람들의 가슴은 오그라들었고, 여호수아도 예외는 아니었습니다. 그는 슬퍼하면서 옷을 찢고, 하나님의 궤 앞에서 얼굴을 땅에 대고 엎드려 저녁때까지 있었습니다. 장로들도 그를 따라 슬픔에 젖어 머리에 먼지를 뒤집어쓰셨습니다.

마침내 여호수아가 입을 열어 하나님께 질문합니다. 이번 패전으로 주변 부족들이 자기들을 만만하게 여길 게 분명하다면서, 주님의 명성을 어떻게 시킬 거냐는 것이었습니다. 여호수아는 패전의 책임이 하나님께 있다는 식으로 불퉁거리지만, 하나님은 패전의 책임이 백성에게 있다고 말씀하십니다.

> 이스라엘이 죄를 지었다. 나와 맺은 언약, 지키라고 명령한 그 언약을 그들이 어겼고, 전멸시켜서 나 주에게 바쳐야 할 물건을 도둑질하여 가져갔으며, 또한 거짓말을 하면서 그 물건을 자기들의 재산으로 만들었다(수 7:11).

누군가가 하나님께 돌려야 할 것을 사취했던 것입니다. 전리품을 나누어 갖는 것은 고대인의 관습이지만, 히브리인들은 그것을 불경한 행위로 보았습니다. 그들은 전쟁을 수행하는 것은 인간이지만, 그 승패는 하나님께 달려 있다고 믿었습니다. 호메로스의 《일리아스》와 《오디세이아》를 보더라도 인간의 싸움에 신들이 개입하고 있음을 알 수 있습니다. 그래서 왕들은 출정하기에 앞서 예언자들이나 샤먼을 통해 신의 뜻을 물었습니다. 이것은 성경에도 자주 등장하는 모티프입니다. 전쟁에서 승리를 거둔 신은 다른 신들에게 속해 있던 것들을 태워 없앰으로써 자신의 지배권을 확고히 하라고 요구했습니다. 그런데 누군가가 그 규정을 어겼습니다. 탐심 때문입니다. 한 사람의 욕심이 공동체 전체를 위기에 빠뜨린 것입니다.

개인의 탐심이 부른 공동체의 위기

문제의 뿌리를 제거하지 않고는 어떤 승리도 기약할 수 없음을 깨달은 여호수아는 죄인을 찾기 위해 지파별로 사람들을 소집하고 제비를 뽑게 했습니다. 이 원시적인 과정을 거쳐 마침내 아간이 범인임이 밝혀졌습니다. 여호수아는 아간에게 자초지종을 묻습니다.

나의 아들아, 주 이스라엘의 하나님께 영광을 돌리고, 그에게 사실대로 고백하여라. 네가 무엇을 하였는지 숨기지 말고 나에게 말하여라(수 7:19).

아간은 순순히 자기의 행위를 고백합니다.

제가 진실로 주 이스라엘의 하나님께 죄를 지었습니다. 제가 저지른 일을 말씀드리겠습니다. 제가, 전리품 가운데에서, 시날에서 만든 아름다운 외투 한 벌과 은 이백 세겔과 오십 세겔이 나가는 금덩이 하나를 보고, 탐이 나서 가졌습니다. 보십시오, 그 물건들을 저의 장막 안 땅속에 감추어 두었는데, 은을 맨 밑에 두었습니다(수 7:20-21).

전리품 가운데서 몇 가지를 숨겼다는 말입니다. 시날, 그러니까 메소포타미아 지역에서 수입한 외투 한 벌, 은 200세겔, 50세겔이 나가는 금덩이를 하나 숨겼다고 합니다. 1세겔이 11.5그램 정도되니까 은 200세겔이면 2.3킬로그램이고, 50세겔 나가는 금덩이는575그램이니까 약 153돈에 해당합니다. 견물생심인가요? 그것을보는 순간 그의 도덕적 자아는 눈을 감았고, 하나님을 속일 수 없다는 엄중한 사실조차 떠오르지 않았던 것입니다.

그의 욕심이 결국은 공동체에 큰 해를 끼쳤습니다. 그는 자기도모르는 사이에 백성을 괴롭히는 자가 되었습니다. 사람들은 그를 아골 골짜기로 끌고 가 돌로 쳐 죽였습니다.

여호수아가 사람들을 그리로 보냈다. 그들이 장막으로 달려가 보니, 물건이 그 장막 안에 감추어져 있고, 은이 그 밑에 있었다. 그들은 그것을 그 장막 가운데서 파내어, 여호수아와 모든 이스라엘자손이 있는 데로 가져와서, 주님 앞에 펼쳐 놓았다. 여호수아는,세라의 아들 아간과 그 은과 외투와 금덩이와 그 아들들과 딸들과소들과 나귀들과 양들과 장막과 그에게 딸린 모든 것을 이끌고 아골 골짜기로 갔으며, 온 이스라엘 백성도 그와 함께 갔다. 여호수아가 말하였다. "너는 어찌하여 우리를 괴롭게 하느냐? 오늘 주님께서 너를 괴롭히실 것이다." 그러자 온 이스라엘 백성이 그를 돌로 쳐서 죽이고, 남은 가족과 재산도 모두 돌로 치고 불살랐다. 그들은 그 위에 큰 돌무더기를 쌓았는데, 그것이 오늘까지 있다. 이렇게 하고 나서야 주님께서 맹렬한 진노를 거두셨다. 그래서 그곳 이름을 오늘까지도 아골 골짜기라고 부른다(수 7:22-26).

이야기의 주인공인 아간의 이름은 '괴롭히다'라는 뜻의 아갈과 유사하고, 그가 죽은 아골 골짜기도 '고통'이라는 뜻을 담고 있습니다. 아골 골짜기는 백성들에게 아간의 죽음과 맞물려 고통스러운 기억을 상기시키는 장소로 각인되었을 것입니다. 또 그의 이름은 개인의 탐심이 공동체에 얼마나 큰 해악을 끼칠 수 있는지를 상기시키는 역사적 이름이 되었습니다.

'아간'들의 나라

이 사건을 묵상하는 동안 암담한 느낌이 들었습니다. 그 당시만 하더라도 아간과 같은 사람은 많지 않았습니다. 또 탈출 공동체는 아간의 범죄를 드러내고, 그에 합당한 처벌을 내렸습니다. 오늘의 관점에서 보면 다소 잔인한 듯 보이지만, 그들 나름대로 사회를 정화하는 장치가 작동하고 있었던 것입니다.

차라리 그 시대가 지금보다는 희망이 있던 시대인지도 모르겠습니다. 비리를 저지른 공직자나 정치인들을 준엄하게 청산하지 못한 결과, 우리는 지금 불신의 세월을 살고 있습니다. 어느 전직 대통령이 했다는 말, "왜 나만 갖고 그래?"라는 말이 우리 세태를 적나라하게 드러냅니다. 세상의 소금이어야 할 종교도 예외가 아닙니다. 지금 감리교회가 이 지경이 된 것도 자정 능력을 잃었기 때문입니다. 잘못을 저지른 사람이 막대한 물적·인적 자원을 동원할 수 있는 사람일 때 사람들은 "그간의 공로를 인정하여"라며 면죄부를 쥐여 주고는 했습니다. 꿩 잡는 게 매라는 식의 성과주의가 양심의 숫돌이어야 할 신앙조차 타락시키고 만 것입니다.

아간 류類의 사람들이 부끄러움도 죄책감도 없이 판을 치는 시대는 살 만한 시대가 아닙니다. 자기 욕심을 채우기 위해 공동체의 안위는 아랑곳하지 않는 파렴치한 이기심이 시대의 대세가 되어 우리는 인정의 황무지를 걷고 있습니다. 부동산 불패 신화에 기대어 불로소득을 노리는 사람들, 뉴타운 개발로 막대한 부를 얻는 지주들과 건설사들의 눈에는 살 권리를 박탈당한 채 자기 땅에서 유배당한 이들의 피눈물이 보이지 않는 모양입니다.

'노블레스 오블리주noblesse oblige'라는 말을 기억하시는지요? 사회적으로 높은 지위에 있는 사람들은 그에 걸맞은 도덕적 의무를 다해야 한다는 말입니다. 돈 많은 사람, 많이 배운 사람, 지위가 높은 사람…. 그들은 자기들이 누리는 많은 것이 다른 이들의 희생을 통해 얻은 것임을 알아야 합니다. 그 고마움을 모르면 사람이 아닙니다. 가진 것, 배운 것을 필요한 이들에게 그저 나누어 주려는 마음이 있어야 참사람입니다.

아간 류의 사람들은 남을 배려할 줄 모릅니다. 제 좋을 대로 살

뿐입니다. 말장난이지만 '아간'은 '악한惡漢'입니다. 그들은 영적인 미숙아들이라 할 수 있습니다. 그들에게는 공공성에 대한 의식이 없습니다. 전철역에서 빌려주는 우산이 채 몇 주가 지나지 않아 다 사라지고 만다는 소식이 들립니다. 지자체가 야심 차게 준비했던 자전거 대여도 마찬가지입니다. 공적 공간을 사적으로 전유하는 일도 많습니다. 지하철이나 버스 안에서 큰 소리로 통화하거나, 볼륨을 높이고 동영상을 시청하는 이들도 있습니다. 낯 뜨거운 애정 행각을 벌이는 이들도 있습니다. 결혼식장에서 주위를 아랑곳하지 않고 큰 소리로 떠듭니다.

남 눈치 보지 않고 살겠다는 결의는 장하지만, 그들이 다른 이들의 심령에 가하는 폭력은 심각합니다. 공동체를 위해 자기 자신을 제한할 줄 아는 것이 교양이고 믿음입니다. 아간은 자기에게 최선이라고 생각되는 것을 택했지만, 그것이 곧 죽음으로 이어질 줄은 꿈에도 생각하지 못했을 겁니다. 이익에 마음이 흔들리면 그물과 함정이 앞에 있어도 보지 못합니다.

희망이 시작되는 곳

아간으로 인해 아골 골짜기는 음습한 느낌으로 다가옵니다. 이호운 목사가 작사한 찬송가 〈부름 받아 나선 이 몸〉에서 우리가 비장한 마음으로 복음을 들고 갈 장소로 언급되는 곳이 바로 아골 골짜기여서 이런 느낌은 더 짙습니다.

버릴수록 우리를
자유롭게 하는 것들

하지만 예언자들은 그 아골 골짜기를 희망이 시작되는 곳으로 선언합니다. 바빌로니아 포로기에 활동했던 익명의 예언자는 이스라엘의 회복을 말하면서 "샤론 평야는 나를 찾는 내 백성이 양 떼를 치는 목장이 되고, 아골 골짜기는 소들이 쉬는 곳이 될 것이다"(사 65:10)라고 예고합니다. 호세아는 백성을 향한 주님의 사랑을 말하면서 "아골 평원이 희망의 문이 되게 하면, 그는 젊을 때처럼, 이집트 땅에서 올라올 때처럼, 거기에서 나를 기쁘게 대할 것이다"(호 2:15)라고 선언합니다. 그렇습니다. 희망을 말할 수 있는 자리로 절망의 현장보다 더 좋은 곳이 어디이겠습니까?

아간의 탐욕과 그로 말미암은 공동체적 고난, 그리고 처벌의 기억이 서려 있는 곳, 그곳이야말로 새로운 역사의 출발점이 되어야 마땅합니다. 용산 참사가 벌어지고 긴 시간이 흘렀습니다. 그런데도 아직 책임 있는 당사자들이 나서서 유족들에게 사과 한마디, 위로 한마디 건네지 않습니다. 이것이 유족들의 한을 깊게 만듭니다.

제게는 명일당 앞 건물이 우리 시대의 아골 골짜기 같습니다. 그곳을 우리 시대의 탐욕을 매장하는 상징적 장소로 삼을 때 그들의 희생은 헛되지 않을 것입니다. 고래 가운데는 상처 입은 동료가 수면으로 떠 올라 숨을 쉴 수 있도록 등으로 받쳐 주는 종들이 있다고 합니다. 바로 그것이 교회와 성도의 임무입니다. '아간'에게 그것은 낯선 삶입니다. 하지만 믿는 이들에게는 상식이고, 당연지사입니다. 당연한 것이 당연한 것으로 여겨지지 않을 때 삶은 삭막해집니다.

구미정 박사의 질문에 "나는 하나님의 뜻을 행한다. 그러므로 존재한다"라고 고백할 수 있으면 좋겠습니다. 주님의 숨결이 마른 뼈들처럼 버성기는 우리의 삶에 불어와, 주님의 뜻을 수행하는 하늘 군대로 거듭나는 우리가 되기를 기원합니다.

버릴수록 우리를
자유롭게 하는 것들

끝을 모르는
탐욕

산다는 것은 때로 무겁고 힘들지만, 다른 한편 참 엄숙하고 거룩한 과제입니다. 사람은 저마다 자기 몫의 삶을 살다가 예기치 않은 시간에 세상을 떠납니다. 인간의 생명은 바람이 불고 햇볕이 쬐면 스러지고 마는 안개와 같습니다. "주님께서 그 위에 입김을 부시면, 풀은 마르고 꽃은 시든다. 그렇다. 이 백성은 풀에 지나지 않는다"(사 40:7). 이사야의 말입니다. 어느 히브리 시인은 우리 "연수의 자랑은 수고와 슬픔뿐"(시 90:10)이라고 말합니다. 씁쓸한 진실입니다.

그렇다면 인생은 허망한 것일까요? 그렇지 않습니다. 인간은 유한한 인생이나 무한을 바라보는 존재이기 때문입니다. 파스칼의 말대로 인간은 하나의 갈대에 지나지 않지만 생각하는 갈대입니다. 인간의 인간다움은 '생각'에 있습니다. 유한한 우리가 무한한 하나님을 바라보고, 뜻을 여쭙고, 그 뜻에 따라 자기 생을 조율한다는 사실은 참 놀라운 일입니다. 잠시 그분의 일을 하다가 돌아가는 것이 인생입니다. 주님의 뜻을 여쭤 가며 성심껏 살다가 그분 품에 안기는 것이 완성인지도 모르겠습니다. 가끔 생각나는 찬송이 있습니다.

> 내 인생 여정 끝내어
> 강 건너 언덕 이를 때
> 하늘 문 향해 말하리
> 예수 인도하셨네
> 매일 발걸음마다 예수 인도하셨네
> 나의 무거운 죄 짐 모두 벗고 하는 말
> 예수 인도하셨네

풍요로움에 중독된 사람들

우리는 "나는 내가 어디에서 와서 어디로 가는지를 알고"(요 8:14) 있다고 하신 분의 뒤를 따르는 사람들입니다. 가끔 발걸음이 꼬이고, 길을 잃기 일쑤이지만, 예수님이야말로 우리 삶의 길이십니다. 그 길을 앞서 예비한 이들이 바로 예언자들입니다. 그 예언자 중 한 사람, 아모스를 통해 하나님은 말씀하셨습니다.

> "나 주가 선고한다. 이스라엘이 지은 서너 가지 죄를, 내가 용서하지 않겠다. 그들이 돈을 받고 의로운 사람을 팔고, 신 한 켤레 값에 빈민을 팔았기 때문이다. 그들은 힘없는 사람들의 머리를 흙먼지 속에 처넣어서 짓밟고, 힘 약한 사람들의 길을 굽게 하였다. 아버

지와 아들이 같은 여자에게 드나들며, 나의 거룩한 이름을 더럽혔다. 그들은 전당으로 잡은 옷을 모든 제단 옆에 펴 놓고는, 그 위에 눕고, 저희가 섬기는 하나님의 성전에서 벌금으로 거두어들인 포도주를 마시곤 하였다. 그런데도 나는 그들이 보는 앞에서 아모리 사람들을 멸하였다. 아모리 사람들이 비록 백향목처럼 키가 크고 상수리나무처럼 강하였지만, 내가 위로는 그 열매를 없애고 아래로는 그 뿌리를 잘라 버렸다. 내가 바로 너희를 이집트 땅에서 이끌어 내어, 사십 년 동안 광야에서 인도하여 아모리 사람의 땅을 차지하게 하였다. 또 너희의 자손 가운데서 예언자가 나오게 하고, 너희의 젊은이들 가운데서 나실 사람이 나오게 하였다. 이스라엘 자손아, 사실이 그러하지 않으냐?" 주님께서 하신 말씀이다. "그러나 너희는 나실 사람에게 포도주를 먹이고, 예언자에게는 예언하지 말라고 명령하였다. 곡식단을 가득히 실은 수레가 짐에 짓눌려 가듯이, 내가 너희를 짓누르겠다. 아무리 잘 달리는 자도 달아날 수 없고, 강한 자도 힘을 쓰지 못하고, 용사도 제 목숨을 건질 수 없을 것이다. 활을 가진 자도 버틸 수 없고, 발이 빠른 자도 피할 수 없고, 말을 탄 자도 제 목숨을 건질 수 없을 것이다. 용사 가운데서 가장 용감한 자도, 그날에는 벌거벗고 도망갈 것이다." 주님께서 하신 말씀이다(암 2:6-16).

아모스는 히브리어로 '들어 올리다', '나르다'라는 뜻의 동사에서 파생된 이름입니다. '야훼께서 나르신다'라는 뜻의 '아마시야'의 축약형으로 보입니다. 아모스는 원래 베들레헴에서 멀지 않은 농촌 마을 드고아에서 살던 부유한 목축업자였습니다. 이스라엘 임금 여로보암 2세(주전 787-747)와 남왕국 유다의 웃시야(주전 781-740)가 다스리던 때, 대략 주전 8세기 중엽에 하나님의 부르심을 받았습니다. 호세아보다 10년쯤 앞서 활동했다고 보면 됩니다. 당시 이스라엘은 급변하는 국제 정세 속에서 상대적으로 안정을 누리고 있었습니다. 오랫동안 이스라엘을 압박하던 시리아는 동쪽에서 발흥한 아시리아 제국의 팽창 정책으로 급격히 힘을 잃었고, 아시리아 세력이 아직 이스라엘까지 위협하지는 않을 때입니다. 그 틈을 타서 남북 왕국은 요단강 동편의 옛 고토를 회복하기에 이르렀고, 외국과의 교역이 활발해지면서 경제적 번영을 누리고 있었습니다.

하지만 세상 모든 일에는 명암이 있는 법입니다. 민족적인 자긍심과 자신감이 높아진 건 좋았지만, 사회 불균형은 더욱 심해졌습니다. 부자들은 더욱더 부유해지고, 가난한 사람들은 더욱더 가난해졌습니다. 국가에 유입되는 부가 사회 밑바닥 계층까지 이전되지 않았습니다. 이는 우리도 경험한 바입니다. 발전론자들은 분배 정의를 회복하는 일보다 파이를 키우는 게 먼저라느니, '낙수 효과' 운운하면서 노동자들의 정당한 요구를 뿌리치곤 합니다. 고소득층의 소득 증대가 소비 및 투자 확대로 이어져 결과적으로 저소득층의 소득도 증가하게 마련이라고 말하지만, 현실과 부합하지 않는 이론입니다.

버릴수록 우리를
자유롭게 하는 것들

아모스는 자기 시대를 하늘의 눈으로 꿰뚫어 보았습니다. 사마리아에는 사치가 만연했고, 도처에서 졸부들의 향연이 벌어졌습니다. 토라의 핵심 원리인 '가난한 이들을 향한 우선적 관심'은 실종되었고, 힘이 정의를 압도했습니다. 그나마 정의의 보루였던 법정도 타락해서 강자의 편을 들기 일쑤였습니다. 그런 세상을 준엄하게 꾸짖어야 할 종교 역시 타락했습니다. 종교적 행위는 번성했지만, 하나님을 향한 경외심이 담겨 있지 않았습니다. 제사장들의 배에 기름기가 돌면서 그들의 시선은 부자들을 향했습니다. 총체적 난국입니다.

남왕국 출신의 아모스는 북왕국 이스라엘의 베델 신전에 올라가서 예배 드리러 오는 이들을 책망합니다. 아침마다 희생 제물을 바치고, 사흘마다 십일조를 바치고 누룩 넣은 빵을 감사 제물로 불살라 바치고, 자원 예물을 바치는 것이 정말 하나님이 기뻐하시는 일이겠느냐, 그것은 결국 자기들 좋아서 하는 일이 아니냐는 것입니다(암 4:4-5). 진정한 예배는 하나님께로 돌아가는 것이어야 합니다. 하나님의 마음에 조율되기를 바라며 우리의 상한 마음을 주님께 바치는 것이 예배입니다. 그러나 풍요로움에 중독된 사람들은 물질은 바치되 마음은 바칠 생각이 없었습니다. 물론 삶의 방식도 바꿀 생각이 없었습니다. 아모스는 바로 그런 현실을 꾸짖습니다.

탐욕의 시대

하나님은 이스라엘이 지은 서너 가지 죄를 용서하지 않겠다고 말씀하십니다. 서너 가지 죄라는 표현은 아모스의 예언에서 특징적인 어구입니다. 잠언에도 유사한 표현이 나옵니다. 아모스는 이스라엘 주변 나라가 저지른 죄에 대한 심판을 예고할 때도 이 표현을 사용합니다. 서너 가지라는 표현은 악의 정도가 가득 차서 심판을 피할 수 없는 지경에 이르렀다는 사실을 강조합니다.

이스라엘의 죄는 무엇입니까? 크게는 두 가지로 요약할 수 있습니다. 첫째는 경제적인 문제와 관련됩니다. 이스라엘 특권층은 빚을 빌미로 무죄한 사람들을 종으로 팔아 버렸고, 힘없는 이들의 머리를 흙먼지 속에 짓밟음으로써 가난한 이들의 살길을 막았습니다. 한마디로 말해, 야훼 하나님이 아니라 돈을 최고의 가치로 삼았다는 말입니다. 사람과 사람 사이에 하나님의 자리가 마련되지 않으면, 세상은 욕망의 전쟁터가 되고 맙니다. 욕망으로 인해 흐려진 눈에는 하나님도 보이지 않고, 이웃들의 아픔도 보이지 않습니다. 그들에게 다른 이들은 전부 자신의 목적을 달성하는 수단일 뿐입니다. 인간에 대한 소외가 이렇게 일어납니다.

얼마 전, JTBC '앵커브리핑'을 통해 '갑질 gapjil'이라는 단어가 〈인디펜던스〉라는 영국 신문에 소개되었다는 소식을 접했습니다. 영어로 번역할 적절한 말이 없어서 그들은 갑질을 소리 나는 대로 알파벳으로 표기하고, 그 단어에 내포된 의미를 설명했다고 합니다. 갑질이란 권력 관계에서 우위를 점한 사람이 약자에게 하는 부당한 행위를 일컫는 말입니다. 또 다른 단어 하나가 소개되었는데, 그것은

버릴수록 우리를
자유롭게 하는 것들

'개저씨gaejeossi'였습니다. 딱 봐도 '개'와 '아저씨'의 합성어임을 알 수 있습니다. 인터넷을 뒤져 보니 매우 심란한 단어임을 알 수 있었습니다. 마초적 사고방식에 사로잡혀 성차별, 성추행을 저지르고도 잘못을 인정하거나 반성하기는커녕 피해자를 탓하는 사람들, 혹은 가부장적 가치관을 주변 사람들에게 강요하는 무개념 중년 남성을 이르는 말입니다. 이런 단어의 유행은 우리 사회가 얼마나 천박하게 변해 가는지를 그대로 보여 주는 징표입니다.

프랜차이즈 업체 CEO들의 갑질 행위가 많은 사람의 공분을 사고 있습니다. 그들은 자기 가족들에게 이권을 몰아주거나, 값비싼 식자재를 구매하도록 강요하여 이익을 극대화했다고 합니다. 말을 잘 듣지 않는 이들을 폭력적인 방식으로 몰아내기도 했습니다. 지금도 하루 평균 서른여섯 개의 프랜차이즈 매장이 문을 닫는다고 합니다. 인간에 대한 예의나 연민을 찾아보기 어려운 현실입니다.

어려운 영어 단어이지만 요즘 많은 이의 입에 오르내리는 단어가 있습니다. 젠트리피케이션gentrification이 그것입니다. 개발이 늦어진 지역에 상권이 형성되면서 중산층 이상의 사람들이 몰려들어 그곳에서 애써 삶의 터전을 일구었던 소상공인들이 아무런 보상도 받지 못한 채 쫓겨나는 현상을 이르는 말입니다. 돈이 주인 노릇 하는 세상의 살풍경한 모습입니다. 형태는 다르나 아모스의 시대에도 이런 일이 다반사로 벌어졌습니다. 하나님은 그런 사회를 용서하지 않겠다고 말씀하십니다.

또 다른 죄는 하나님을 두려워하지 않는 종교 행위와 관련됩니다. 아모스는 아비와 아들이 같은 처녀에게 드나들며 하나님의 거룩한 이름을 더럽히고 있다고 지적합니다. 향락 문화가 빚어낸 파렴치한 일탈 행위처럼 보이지만 또 다른 가능성도 염두에 둘 필요가 있습니다. 첫째는 경제적으로 예속된 사람들을 강자들이 성적으로 착취하는 일과 관련이 있습니다. 사람을 수단으로 삼는다는 점에서 정말로 악마적입니다. 둘째는 가나안 토착 종교인 바알 신앙과 관련된 것입니다. 바알 신전에는 신전 창녀들이 있었고 종교 행위는 성적 일탈과 결합되곤 했습니다. 어느 쪽이든 하나님을 모독하는 행위였습니다. 하나님의 형상대로 지음 받은 이들을 자신의 욕망을 채우는 수단으로 대하는 순간, 인간의 존엄은 사라지고 하나님의 영광 또한 가려집니다.

욕망의 중력

왜 이런 참담한 일이 벌어지는 것일까요? 자기도취에 빠져 하나님을 마음에서 제거해 버렸기 때문입니다. 삶이 곤고할 때 우리는 자신의 연약함을 인정하지 않을 수 없습니다. 내가 할 수 있는 일이 별로 없다고 느낄 때 우리는 하나님의 은총 앞에 엎드립니다. 하지만 그러한 어려움이 소멸되는 순간, 잠시 모습을 감췄던 자아가 드러나고, 하나님은 우리 마음에서 쫓겨나고 맙니다.

곤경에 처했을 때 믿음을 유지하는 일이 물론 쉽지는 않습니다.

버릴수록 우리를
자유롭게 하는 것들

하지만 우리는 눈물을 흘리면서도 하나님의 도우심을 구합니다. 바라볼 곳이 그곳밖에 없기 때문입니다. 문제는 우리 삶이 두루 평안할 때입니다. 굳이 구하지 않아도 먹을 것이 있고, 누리고 싶은 것을 다 누릴 수 있을 때 우리는 습관처럼 하나님을 망각합니다. 역사의 변혁을 바라는 이들에게 필요한 것이 기억 투쟁인 것처럼, 믿음 가운데 살려는 이들도 기억 투쟁이 필요합니다. 안식의 세계에 들어가기 전, 마치 유언처럼 모세가 그 백성들에게 들려준 이야기 가운데 이 대목이 특히 크게 다가옵니다.

> 이스라엘은 부자가 되더니, 반역자가 되었다. 먹거리가 넉넉해지고, 실컷 먹고 나더니, 자기들을 지으신 하나님을 저버리고, 자기들의 반석이신 구원자를 업신여겼다(신 32:15).

생의 한가운데서 하나님을 저버리지 않으려면 하나님의 은총이 우리 뼛속 깊은 곳에 새겨져야 합니다. 욕망의 중력이 우리를 땅으로 잡아끌 때 속절없이 끌려가지 않으려면, 위의 것을 향한 열망을 늘 품고 살아야 합니다. 이스라엘은 자기들을 이집트에서 이끌어 내시고, 아모리 사람들을 몰아내어 자기들을 가나안에 살게 하신 하나님을 잊었습니다. 삶이 평안해지자 예언자들을 침묵시켰고, 정결하게 살려고 발버둥 치는 나실인들을 타락의 길로 이끌었습니다. 자기들의 더러움을 상기시키는 이들을 허용하기 싫어했습니다.

그러나 그들은 하나만 알고 둘은 모르는 사람들입니다. 그들은 자기들이 유한한 존재이고, 하나님의 심판 아래 있다는 사실을 망각했습니다. 아무리 몸이 날래도 하나님의 심판을 피할 수 없습니다. 힘깨나 쓰는 용사라 해도 심판을 견딜 수 없습니다. 그날이 닥쳐올 때야 그들은 자기들이 한낱 인간에 불과하다는 사실을 절감할 것입니다.

생의 한가운데서 하나님을 경외하며 사는 사람, 우리가 머무는 일상적인 삶의 자리가 바로 하나님이 머무시는 땅임을 자각하고 사는 사람이 지혜로운 사람입니다. 탐심에 이끌려 이웃들을 타자화하고 수단으로 삼으려는 이들은 하나님과 맞서는 사람들입니다. 그들은 강자처럼 보이지만 어리석은 자들입니다. "가난한 사람을 조롱하는 것은 그를 지으신 분을 모욕하는 것"(잠 17:5)입니다. 이 말씀을 명심해야 합니다.

임마누엘 칸트는 "다른 한 명에게 가해지는 비인간적 행위는 내 안에 있는 인간성을 파괴한다"라고 했습니다. 이걸 뒤집어 보면, 우리가 만나는 사람 한 명 한 명을 하나님의 형상으로 대할 때 우리는 비로소 참된 사람이 된다고 말할 수 있습니다. 이제 썩어질 것을 좇던 지난날의 삶에서 벗어나 영원한 것을 찾아야 할 때입니다. 주님은 참사람의 길 위에서 우리를 기다리고 계십니다. 비록 더디더라도 그 길을 향해 한 걸음씩 꾸준히 나아가시기를 기원합니다.

성취에 대한 강박

시간은 우리의 바람과는 상관없이 무심하게 흐릅니다. 가는 세월을 잡을 수도 없지만, 바쁘다고 하여 세월을 앞당길 수도 없습니다. 사람들은 무심히 흘러가는 시간에 마디를 만들어 삶에 리듬을 부여합니다. 하루, 한 주일, 한 달, 일 년….

옛사람들은 24절기라는 시간의 마디를 통해 우주와 교감했고, 절기마다 해야 할 일을 알았기에 그 삶이 가지런했습니다. 세상의 모든 종교는 시간의 마디를 만듭니다. 기독교에는 대림절, 성탄절, 주현절, 사순절, 부활절, 오순절, 창조절로 이어지는 교회력이 있습니다. 한 종교를 이해하려면 그 종교의 '절기'를 살펴야 합니다. 시간의 마디로서의 절기는 우리 삶에 방향을 잡아 주고 질서를 부여함으로써 속절없이 시간을 보내지 않게 해 줍니다.

성탄 절기를 지나는 중인 지금 우리는 1월 6일 주현절主顯節을 향해 가고 있습니다. 주현절은 동방박사들이 예수님을 찾아온 것을 기념하는 전통도 있고, 세례자 요한에게 세례를 받고 공생애를 시작하

101

신 것을 기념하는 전통도 있습니다. 어느 경우이든 이 절기는 예수님께서 모든 나라, 민족, 계급의 사람들과 이 세상에 빛으로 오셨다는 사실을 기억하면서, 우리도 세상의 어둠을 밝히는 빛이 되기를 다짐하는 데 그 의미가 있습니다. 그러니까 기독교인에게 새해는 마냥 설레고 기쁜 시간이 아니라 자기 성찰과 회개를 통해 빛으로 거듭나야 할 시간입니다.

더 많이, 더 크게, 더 빨리

우리는 빛과 어둠 사이를 오가며 삽니다. 어떤 때는 우리 마음이 푼푼하고 따뜻해서 다른 사람들 마음을 시원하게 하기도 하지만, 어떤 때는 소견이 좁고 날카로워 사람들 가슴에 상처를 내기도 합니다. 우리가 빛으로 살 때는 대개 '나'를 잊을 때이고, 어둠으로 살 때는 '나'에게 사로잡혀 있을 때입니다. 나에게 골똘할 때 우리는 다른 사람들과 교감하지 못합니다. 함께 기뻐하지도, 함께 슬퍼하지도 못합니다.

누군가를 만나고 돌아설 때, 마치 봄바람을 만난 것처럼 우리 속에 어떤 생동하는 기운이 느껴질 때가 있으시지요? 어떤 사람입니까? 그는 자기에게 사로잡히지 않은 사람입니다. 다른 사람의 형편과 처지에 공명할 줄 아는 사람입니다. 하지만 세상을 자기중심으로 바라보는 사람과 만난 후에는 왠지 모를 불쾌감이 가슴에 남게 마련입니다.

버릴수록 우리를
자유롭게 하는 것들

자아가 강한 사람, 자기중심적인 사람은 걱정이 많습니다. 늘 불안합니다. 다른 이들을 신뢰하지 못합니다. 그렇기에 늘 비평적이고 냉소적입니다. 물론 그가 그렇게 된 것은 삶이 너무 힘들고 각박했기 때문일 수도 있습니다. 불쌍한 사람입니다. 이기심이라는 동굴에 갇혀 더 넓은 세상을 보지 못하고 사니 말입니다.

예수님은 제자들에게 "목숨을 부지하려고 무엇을 먹을까 또는 무엇을 마실까 걱정하지 말고, 몸을 감싸려고 무엇을 입을까 걱정하지 말아라"(마 6:25)라고 말씀하십니다. 자칫하면 오해하기 쉽습니다. 이 말씀을 볼 때마다 세상 물정 몰라서 하시는 말씀이라고 주님께 불퉁거리고 싶습니다. 하지만 예수님은 우리에게 근거 없는 낙관론에 빠져 살라고 하시는 것이 아닙니다.

주님은 우리가 최선을 다해 살아야 함을 모르지 않습니다. 주님이 경계하시는 것은 염려하고 걱정하면서 조바심치는 마음입니다. 걱정한다고 해서 걱정이 사라지지 않습니다. 걱정은 오히려 불안감을 증폭시키고 우리 내면의 힘을 약화시킵니다. 걱정의 뿌리에는 '더'를 추구하는 마음이 있습니다. '더 많이', '더 크게', '더 빨리'라는 구호 속에서 우리 영혼은 피리해집니다.

하지만 욕망의 그릇을 줄이면 걱정도 줄어듭니다. 자족할 줄 아는 사람에게는 경건이 큰 이득을 준다면서 먹을 것과 입을 것이 있으면, 그것으로 만족해야 한다고 성경은 말합니다(딤전 6:7-8). 반면 부자가 되기를 원하는 사람은, 유혹과 올무와 여러 가지 어리석고도 해로운 욕심에 떨어집니다. 우리가 익혀야 할 삶의 기술은 작은 것에 만족하고 감사하기를 배우는 것입니다. '더'가 아니라 '덜'의 삶을 터득하면 삶은 축제가 됩니다. 덜 갖고 덜 쓰기로 작정하면 삶이 가벼워집니다.

세상 모든 권세와 화려함보다

예수님은 염려와 근심 속에서 생을 낭비하지 말라면서 우리에게 삶의 전혀 다른 차원을 가리켜 보이십니다. 그 속에 살면서도 우리가 미처 주목하지 않는 세계입니다. 주님은 우리 눈을 하나님의 창조 세계로 이끄십니다.

> 공중의 새를 보아라. 씨를 뿌리지도 않고, 거두지도 않고, 곳간에 모아들이지도 않으나, 너희의 하늘 아버지께서 그것들을 먹이신다(마 6:26).

> 들의 백합화가 어떻게 자라는가 살펴보아라. 수고도 하지 않고, 길쌈도 하지 않는다(마 6:28).

매우 시적이고 아름다운 표현입니다. 그런데 이 이야기 끝에 덧붙이신 이야기는 가히 혁명적이라 할 수 있습니다.

온갖 영화로 차려입은 솔로몬도 이 꽃 하나와 같이 잘 입지는 못하였다(마 6:29).

늘 보던 이 말씀이 제게 충격으로 다가온 것은 열왕기상 10장과 만났기 때문입니다. 거기서 우리는 솔로몬 시대가 얼마나 화려하고 풍요로웠는지를 볼 수 있습니다. 사방에서 교역을 위해 사람들이 몰려왔습니다. 대표적인 인물이 스바 여왕입니다. 아라비아반도 끝에서부터 찾아와 솔로몬을 만난 후 그는 솔로몬의 지혜에 놀라고, 신하들이 입은 옷과 식탁에 차린 음식과 집기의 화려함에 또 놀랐습니다. 솔로몬은 수백 개의 방패에 금을 입혀 왕실의 위엄과 권위를 부각시켰습니다. 또 상아로 큰 보좌를 만들고, 거기에다 잘 정련된 금을 입혔습니다. 여섯 계단 위에 놓인 그의 보좌는 일곱 번째 계단이 됨으로써 세계의 완성자라는 의미를 강화했습니다. 한마디로 솔로몬 시대는 '황금시대'로 요약할 수 있습니다.

그런데 보십시오. 예수님은 "온갖 영화로 차려입은 솔로몬도 이 꽃 하나와 같이 잘 입지는 못하였다"라고 하십니다. 저는 이 경쾌하고도 눈부신 뒤집음에 정신이 다 아뜩해질 정도로 놀랐습니다. 예수님은 전복적 상상력의 대가이십니다.

주님은 백향목처럼 우람하고 기세등등한 사람들이 주인 노릇하는 세상이 아니라, 겨자 풀처럼 보잘것없는 이들이 주인 노릇하는 세상이 하나님 나라라고 가르치셨습니다. 스스로 경건하다고 자부하는 사람들이 아니라, 세리와 창녀가 오히려 먼저 하나님 나라에 들어간다고 하셨습니다. 주님은 사회적 통념을 향해 거침없이 하이킥을 날리셨습니다. "솔로몬의 영화로움? 그건 들꽃 한 송이만도 못한 것 아닌가?" 세상의 모든 권세와 화려함보다 더 위대한 정신이 여기에 있습니다. 예수님의 이 눈부신 뒤집기 기술을 익힐 수만 있다면, 우리는 한결 재미있게 한세상 살 수 있을 겁니다.

분에 넘치는 놀라운 일을 이루려고

그 은총을 누리며 사는 데 필요한 것은 하나님을 향한 철저한 신뢰입니다. 지난해에 접한 말 가운데 제게 큰 도움이 되었던 말이 있습니다. 그것은 '하나님의 부력Buoyancy of God'이라는 말입니다. 여기서 부력浮力을 재산富力으로 이해하는 분은 안 계시겠지요? 물에 빠지면 잠깐은 물에 가라앉는 것 같아도, 힘을 빼고 물에 몸을 맡기면 부력의 작용으로 떠오르게 됩니다.

그처럼 하나님을 철저히 신뢰하고, 하나님께 생을 맡기는 사람은 하나님의 부력을 경험할 수 있습니다. 하나님의 은총을 경험했던 어느 시인의 노래를 잊을 수 없습니다.

슬픔의 파도에 떠밀려도
기쁨의 해안에 닻 내릴 수 있고
절망의 벼랑에 떨어져도

이런 검질긴 믿음을 버리지 않는다면 생이 아무리 힘겨워도 어떻게든 살 수 있습니다. 하나님을 신뢰하는 사람은 미래를 위해 오늘을 희생하며 살지 않습니다. 그날그날 하나님이 베푸시는 은총에 감사하고, 하나님이 하시는 일에 감탄하며 삽니다. 저는 시편 131편을 참 좋아합니다.

주님, 이제 내가 교만한 마음을 버렸습니다.
오만한 길에서 돌아섰습니다.
너무 큰 것을 가지려고 나서지 않으며,
분에 넘치는 놀라운 일을 이루려고도 하지 않습니다(시 131:1).

교만한 마음, 오만한 길은 다른 것이 아닙니다. 스스로 인생을 통제할 수 있다는 생각입니다. 교만한 이들이 즐겨 쓰는 말이 있습니다. "내가 다 안다"입니다. 생은 본래 모호하고 불확실한 것인데, 하나님이 아닌 이상 우리가 어떻게 사람과 세상을 다 안다고 말할 수 있겠습니까?

우리 인생이 무거운 이유 가운데 하나는 '큰 것'과 '놀라운 일'을 이루어야 한다는 강박관념일 때가 많습니다. 큰일, 놀라운 일을 꿈꾸느라 지금 당장 해야 할 일을 소홀히 합니다. 온 세상의 고민은 다

안고 살면서 가족들의 아픔조차 헤아리지 않는 이들이 있습니다. 저는 큰 종이 될 자질도 능력도 없지만 되고 싶지도 않습니다. 다만 착하고 신실한 종이 되고 싶습니다. 이게 올 한 해 저의 꿈입니다.

빈자들의 아버지 피에르 신부는 마음이 가난하다는 것을 "매일 저녁 '나의 능력과 특권과 재능과 학식을 가지고 약자들과 가난한 자들을 위해 무얼 했는가?'를 자문하는 것"이라고 요약합니다. 착하고 신실한 종이 되려면 스스로 한계를 정하고, 더 많이 사랑하기 위해 자신이 좋아하는 어떤 일을 단념하는 연습을 해야 합니다.

삶은 타자의 고통에 응답하려는 마음을 통해 변화가 일어납니다. 배고픈 이에게 따뜻한 밥 한 끼 대접하고 싶은 마음에 밥 한 끼를 금식하거나, 그들을 위해 밥상을 차릴 때 우리 식탁은 성찬상이 됩니다. 외로운 이의 벗이 되어 주려고 분주한 일상의 한 부분을 잘라 낼 때 우리의 남은 시간은 의미로 충만한 시간이 됩니다. 시련의 시간을 지나는 이들 곁에 다가서기 위해 편안한 자리를 박차고 일어날 때 우리가 머무는 곳은 성전이 됩니다. '너'를 위해 '나'를 내줄 때 삶의 비애는 줄어들고 기쁨과 감사는 늘어납니다.

나의 이익과 나의 편의

아무것도 염려하지 말라 가르치신 주님은 생의 우선순위를 바로 하는 것이 참삶의 길임을 가르쳐 주십니다. "너희는 먼저 하나님의 나라와 하나님의 의를 구하여라. 그리하면 이 모든 것을 너희에

버릴수록 우리를
자유롭게 하는 것들

게 더하여 주실 것이다"(마 6:33). 너무나 익숙한 말씀입니다. 하지만 그래서 더욱 소홀히 하기 쉬운 말씀입니다.

신앙생활을 돌아보십시오. 우리는 습관적으로 자신의 이익과 편의를 구합니다. 이런 욕심 앞에서는 하나님의 말씀도 맥을 못 춥니다. 자기의 편견과 어리석음으로 말씀을 왜곡하는 이들도 많습니다. 안타까운 일입니다. 그런 이들일수록 배우려 하지 않습니다. 겉보기에는 헌신적이고 믿음 좋은 사람인데, 그와 만나는 사람들의 가슴에는 멍이 들 때가 많습니다. 평생 교회에 다니면서도 여전히 옛사람의 모습을 벗지 못하는 데는 이유가 있습니다. 신앙생활은 하나님의 뜻을 중심에 놓고 우리 생각과 삶의 방식을 재구성하는 치열한 과정이어야 합니다.

하나님의 나라를 구한다는 말은 다른 이들과 맺는 관계 속에 하나님을 모시고 살아간다는 뜻일 겁니다. 하나님을 모신 사람은 누구도 함부로 대하지 않습니다. 정성을 다합니다. 하나님의 의를 구한다는 말은 불공평한 세상을 치유하시고 회복하시려는 하나님의 꿈에 동참한다는 뜻입니다. 그것은 강자들의 음성만 들리는 세상에서 매우 위험한 길입니다. 그래서 주님은 "의를 위하여 박해를 받은 사람은 복이 있다. 하늘나라가 그들의 것이다"(마 5:10)라고 말씀하셨던 것입니다.

외경인 마카베오서는 엘아자르라는 뛰어난 율법 학자의 순교 이야기를 소개합니다. 나이도 많고 풍채도 훌륭했던 그에게 사람들은 강제로 입을 벌리고 돼지고기를 먹이려 했습니다. 그는 더럽혀진 삶보다는 명예로운 죽음을 택하는 것이 낫다고 여겨, 자진해서 형틀로 나가면서 돼지고기를 뱉어 버렸습니다. 이교 제사의 책임자들이 전부터 엘아자르와 친분이 있었기에 그를 회유하려 했습니다. 그가 먹어도 괜찮은 고기를 준비할 테니 임금의 명령대로 이교 제사 음식을 먹는 체하라는 것이었습니다. 그는 그런 제안을 일언지하에 거절하면서 이렇게 말합니다.

> 우리 나이에는 그런 가장된 행동이 합당하지 않습니다. 많은 젊은 이가 아흔 살이나 된 엘아자르가 이민족들의 종교로 넘어갔다고 생각할 것입니다. 또한 조금이라도 더 살아 보려고 내가 취한 가장된 행동을 보고 그들은 나 때문에 잘못된 길로 빠지고, 이 늙은 이에게는 오욕과 치욕만 남을 것입니다. 그리고 내가 지금은 인간의 벌을 피할 수 있다 하더라도, 살아서나 죽어서나 전능하신 분의 손길은 피할 수 없을 것입니다. 그러므로 이제 나는 이 삶을 하직하여 늙은 나이에 맞갖은 내 자신을 보여 주려고 합니다. 또 나는 숭고하고 거룩한 법을 위하여 어떻게 기꺼이 그리고 고결하게 훌륭한 죽음을 맞이하는지 그 모범을 젊은이들에게 남기려고 합니다(2마카 6:24-28).

이렇게 말하고 그는 바로 형틀로 향했습니다. 그는 죽었으나 그

110

의 모습은 온 백성과 젊은이의 가슴에 횃불 하나를 밝혀 주었습니다. 이런 지도자, 어디 없을까요? 저는 외경의 이 대목을 읽을 때마다 소름이 돋습니다. 엘아자르에게서 예수님의 모습도 보고, 스데반의 모습도 보기 때문입니다.

하나님의 나라와 그의 의를 구하는 삶은 쉽지 않습니다. 그렇기에 우리에게는 동행이 필요합니다. 지금 여러분 곁에 계신 분들이야 말로 하나님께서 도반^{道伴}으로 보내주신 동행입니다. 새로운 관계를 맺는 일에 주저함이 없으면 좋겠습니다. 낯선 이들과 자꾸 만나면서 자기의 한계를 극복할 수 있었으면 합니다. 일상의 모든 순간을 하나님의 현존 앞에서 살아가기를 바랍니다. 예수님과 사귀면서 예수님의 뒤집기 기술을 배운다면, 우리는 즐겁고 유쾌하게 진리의 길을 걸을 수 있을 것입니다. 주님의 도우심이 늘 우리와 함께하시기를 기원합니다.

성공을 좇는
조급함

사람들이 많이 다니는 거리 한쪽에 한 사람이 멈추어 섭니다. 지나
다니는 사람들을 가만히 바라보다가 조용히 노래를 시작합니다. 한
두 사람이 발걸음을 멈추고 낯선 광경을 물끄러미 바라봅니다. 그가
부르는 사랑 노래는 더 많은 사람의 발걸음을 잡아끕니다. 바람결에
들려오는 그의 노래는 '포도원'에 빗댄 사랑 이야기였습니다.

> 내가 사랑하는 사람은 기름진 언덕에서 포도원을 가꾸고 있네. 땅
> 을 일구고 돌을 골라내고, 아주 좋은 포도나무를 심었네(사 5:1-2).

주인은 포도원 한복판에 망대를 세우고, 거기에 포도주 짜는 곳
도 파놓았습니다. 노래를 듣는 사람들은 다음 상황을 머리에 그렸을
것입니다. 나무에 주렁주렁 달린 탐스러운 열매, 생각만 해도 흐뭇
합니다. 하지만 낭만적이고 밝고 따뜻했던 사랑 노래가 돌연 비장한
음조로 바뀝니다. 노래꾼은 포도원 주인의 실망감을 노래합니다. 좋

112

은 포도가 맺히기를 기다렸지만 열린 것이라고는 '들포도'뿐이었다는 것입니다. 사람들의 탄식 소리가 들리는 듯하지 않습니까?

노래꾼은 그런 공감에 힘입은 듯 포도원 주인의 심정이 되어 예루살렘 주민들과 유다 사람들을 배심원으로 초대합니다. 포도원 주인과 포도원 사이에서 한번 판단해 보라는 것입니다.

내가 나의 포도원을 가꾸면서 빠뜨린 것이 무엇이냐? 내가 하지 않은 일이라도 있느냐? 나는 좋은 포도가 맺기를 기다렸는데 어찌하여 들포도가 열렸느냐?(사 5:4)

그의 안타까움에 공감하지 않을 사람이 없을 겁니다. 그런데 돌연 포도원 주인의 성마른 듯한 말이 들려옵니다. 이제 그 쓸모없는 포도원을 황무지로 만들겠다는 것입니다. 사람들이 가지치기도 못하게 하고, 북주기도 못하게 하고, 찔레나무와 가시나무가 자라도 뽑아내지 않고, 비조차 내리지 않게 하겠다는 것입니다(사 5:6). 노래를 듣고 있던 이들은 이 노래꾼이 들려주는 이야기가 단순한 사랑 노래가 아님을 어렴풋이 알아차립니다. 그때였습니다. 노래꾼은 비유의 가면을 벗어던지고 직설적으로 말합니다.

이스라엘은 만군의 주님의 포도원이고, 유다 백성은 주님께서 심으신 포도나무다(사 5:7).

포도원 주인이신 주님은 백성들에게 선한 일과 옳은 일을 기대하셨는데, 그들이 사는 땅에서 보이느니 살육이요 들리느니 그들에게 희생된 사람들의 울부짖음뿐이었다는 것입니다. 아시다시피 이 노래꾼은 이사야입니다.

욕망의 포로

대체 무엇이 하나님의 포도원을 이 지경으로 만든 걸까요? 현상적으로 보면 그것은 사람들의 과도한 욕망입니다. 과도한 욕망이 인간관계를 망치고, 세상을 살벌한 곳으로 바꿉니다. 물론 욕망이 나쁜 것은 아닙니다. 그것은 삶의 의욕이기도 하니까요. 아무것도 바라는 것이 없는 사람의 생은 무기력합니다.

문제는 과한 것입니다. '지날 과過' 자가 들어가서 좋은 말이 별로 없습니다. 과도, 과로, 과식, 과오, 과잉…. 물론 찾아보면 없기야 하겠습니까만, '과'는 늘 병적인 상태와 연관이 됩니다. 과공비례過恭非禮라는 말이 있지요? 지나친 공손은 오히려 예에서 벗어난다는 말입니다. 과유불급過猶不及이라는 말도 있습니다. 정도를 지나침은 미치지 못한 것과 같다는 말입니다.

욕망이 과하면 사람은 자기 삶의 주체로 살 수가 없습니다. 욕망의 부림을 받는 노예로 전락하기 때문입니다. 사나운 말의 고삐를 낚아채는 마부처럼 우리도 욕망의 고삐를 잘 낚아챌 수 있어야 합니다. 그래도 길들지 않는 욕망을 향해서는 퇴거를 명령해야 합니다.

114

과도한 욕망에 휘둘리지 않을 때 자유의 선물을 누리고, 다른 이들을 내 삶 속에 맞아들일 여백도 만들 수 있습니다. 이사야는 욕망의 포로가 된 이들의 삶과 그 결말을 기가 막히게 표현합니다.

> 너희가, 더 차지할 곳이 없을 때까지, 집에 집을 더하고, 밭에 밭을 늘려 나가, 땅 한가운데서 홀로 살려고 하였으니, 너희에게 재앙이 닥친다!(사 5:8)

왠지 오늘의 현실을 보는 듯하지 않습니까? 《부동산 계급사회》라는 책을 쓴 손낙구 씨는 부동산 투기로 사회계급이 갈리고 삶의 질이 결정되는 우리 사회의 단면을 신랄하게 고발합니다. 직업과 노동을 통한 소득보다 부동산을 중심으로 한 자산 소득이 부의 잣대가 되는 사회는 결코 건강한 사회일 수 없다는 것입니다. 재건축이니 뉴타운 개발이니 야단들이지만, 결국 이런 개발을 통해 살찌는 것은 토건 회사와 지주들밖에 없습니다. 용산 참사는 부동산 계급사회가 얼마나 폭력적이고 악마적일 수 있는지를 보여 주는 단적인 사례입니다.

이사야를 통해 들려오는 하나님의 말씀은 오싹할 정도로 무섭습니다. 그들이 무분별하게 차지한 많은 집이 황폐해지고, 크고 좋은 집이라도 텅 빈 흉가가 되어 사람이 살지 않게 될 것이고, 땅은 척박해져서 소출을 내지 못하게 될 것이라는 것입니다. 소비의 즐거움과 향락에 취해 사는 사람들에게는 하나님의 준엄한 목소리가 들리지 않습니다. 예언자의 눈에는 그들처럼 가련한 사람이 없습니다.

그러므로 스올이 입맛을 크게 다시면서, 그 입을 한없이 벌리니, 그들의 영화와 법석거림과 떠드는 소리와 즐거워하는 소리가, 다 그곳으로 빠져들어 갈 것이다(사 5:14).

십여 년 전 검찰청장 후보로 나왔다가 낙마한 한 인물은 우리 사회 지도층의 '도덕적 해이'가 어느 정도에 이르렀는지를 단적으로 보여 주었습니다. 정계, 관계, 재계, 언론계가 한통속이 되어 자기들만의 리그를 만든 채 살고 있음을 일반 서민들은 참담한 심정으로 바라보았습니다. 하지만 천둥소리보다 쩌렁쩌렁하게 들려오는 예언자의 말이 있습니다. 그들이 부정한 방법으로 누리는 영화로움은 사실 스올로 가는 직행로라는 것입니다.

내가 원하는 때에

권력과 돈의 단맛에 취한 이들에게 하나님은 두려움의 대상이 아닙니다. 늘 침묵하는 것처럼 보이는 하나님이 그들에게는 무기력한 존재처럼 보이기 때문입니다. 그들은 하나님의 정의만을 바라보며 사는 이들을 조롱하듯 말합니다.

버릴수록 우리를
자유롭게 하는 것들

하나님더러 서두르시라고 하여라. 그분이 하고자 하시는 일을 빨리 하시라고 하여라. 그래야 우리가 볼 게 아니냐. 계획을 빨리 이루시라고 하여라. 이스라엘의 거룩하신 분께서 세우신 계획이 빨리 이루어져야 우리가 그것을 알 게 아니냐!(사 5:19)

거짓으로 끈을 만들어 악을 잡아당기는 이들입니다. 수레의 줄을 당기듯이 죄를 끌어당기는 자들입니다. 기세등등한 이들 때문에 밑바닥으로 내몰린 이들의 신음은 깊어만 갑니다.

우리는 하나님께서 역사를 이끌어가심을 믿습니다. 하지만 가끔은 의심이 들 때도 있습니다. 우리는 하나님의 정의가 승리할 것임을 믿습니다. 하지만 가끔은 현실 앞에 기가 질릴 때도 있습니다. 우리는 하나님의 길이 우리 길보다 높고, 하나님의 생각이 우리 생각보다 깊다는 것을 믿습니다. 하지만 가끔은 하나님의 지혜가 답답할 때도 있습니다.

문제는 시간입니다. 하나님은 우리가 원하는 시간에, 우리가 원하는 방법대로 일하시지 않습니다. 하나님의 속도에 적응하지 못하기에 우리 마음은 늘 조급합니다. 안달합니다. 그 조급한 마음을 가라앉히기 위해 침묵 속에 우리 마음을 놓아두어야 합니다. 엎드리지 않고는 이 회의와 불안의 늪을 건널 수 없습니다. 침묵의 소리를 들은 히브리의 한 시인은 우리에게 세상의 신비에 관해 들려줍니다.

낮은 낮에게 말씀을 전해 주고, 밤은 밤에게 지식을 알려 준다. 그 이야기 그 말소리, 비록 아무 소리가 들리지 않아도 그 소리 온 누리에 울려 퍼지고, 그 말씀 세상 끝까지 번져 간다(시 19:2-4).

하나님이 하시는 일은 신비입니다. 더함도 덜함도 없습니다. 하나님의 속도에 적응해야 합니다. 그래야 삶을 즐길 수 있습니다. 세상이 내 뜻대로 안 된다고 안달할 것도 없고, 내 뜻대로 되었다고 날뛸 것도 없습니다. 그 순간이 내게 주는 은총을 한껏 맛보며 살면 됩니다. 과정보다는 결과에 따라 평가받고는 했기에 어느덧 성과주의적 삶의 태도를 익혀 온 우리들, 경쟁의식이 내면화된 우리들은 행복을 누릴 수 없는 사람들이 되었습니다.

피아노 경연 대회 중 최고로 치는 게 쇼팽 콩쿠르입니다. 5년마다 열리기에 평생에 한두 번 출전하는 게 고작이니, 거기서 입상한다는 건 대단한 일입니다. 2005년 바르샤바에서 열린 쇼팽 콩쿠르에는 한국의 젊은 피아니스트가 무려 세 명이나 본선에 올랐고, 그중 임동민, 임동혁 형제가 2위 없는 공동 3위에 입상했습니다. 그런데도 임동혁은 조금 화가 난 듯했습니다. 그는 형과 공동 3위가 된 사실뿐만 아니라 자기가 1등을 차지하지 못한 결과가 불만이었습니다. 1등은 폴란드 청년 라파우 블레하츠에게 돌아갔습니다. 일부 네티즌은 심사위원들의 부당한 차별 때문에 임동혁이 1등을 빼앗겼다고 흥분하기도 했습니다. 하지만 그 콩쿠르에 심사위원으로 참여

했던 서울대 강충모 교수의 견해는 달랐습니다. 라파우는 다른 이들보다 기량이 월등했습니다. 나머지 열한 명은 콩쿠르에 나와 승부를 가리는 듯했지만, 라파우는 그냥 연주를 들려주고 가는 듯했다는 것입니다. 심사위원 중 한 사람은 "열한 명의 피아니스트와 한 명의 아티스트가 있다"라고 평했습니다. 라파우는 입상을 축하하는 심사위원들 앞에서 몹시 수줍어했다고 합니다. 강 교수는 피아노 연주 실력뿐만 아니라 전반적으로 공부하여 인격을 쌓는 일이 중요하다는 사실을 문득 깨달았다고 고백했습니다.[8]

조금 덜 갖고 조금 더 불편하게

고려대학교 강수돌 교수는 우리 사회를 새롭게 세우기 위해 마음속 사다리부터 걷어 내자고 말합니다. 옳은 말이지만 쉽지는 않습니다. 세상은 끊임없이 우리를 경쟁의 전쟁터로 내몰기 때문입니다. 일등만이 살아남는다는 살벌한 말은 자본주의 세상이 우리 영혼에 가하는 폭력입니다.

하지만 일등 아닌 사람도 행복하게 살 수 있습니다. 조금 덜 갖고 조금 더 불편하게 살기로 마음먹는 순간 행복이 우리 곁에 다가옵니다. 세상에는 요한계시록 13장에 나오는 두 짐승처럼 용에게 받은 권세를 가지고 사람들을 미혹하는 이들이 많습니다. 이사야는 그런 이들의 정체를 이렇게 폭로합니다.

악한 것을 선하다고 하고 선한 것을 악하다고 하는 자들, 어둠을 빛이라고 하고 빛을 어둠이라고 하며, 쓴 것을 달다고 하고 단 것을 쓰다고 하는 자들에게, 재앙이 닥친다! 스스로 지혜롭다 하며, 스스로 슬기롭다 하는 그들에게, 재앙이 닥친다!(사 5:20-21)

그들은 우리의 가치관을 혼란스럽게 하는 자들입니다. 미가는 하나님께서 우리에게 요구하시는 것이 세 가지 있다고 말합니다. 오로지 공의를 실천하는 것, 인자를 사랑하는 것, 겸손히 하나님과 함께 행하는 것이 그것입니다. 노자도 비슷한 말을 했는데, 그는 자기에게 세 가지 보물이 있다고 했습니다. '인자함慈, 검소함儉, 중뿔나게 나서지 않는 것不敢爲天下先'이 그것입니다.

정신을 차린 사람들은 무엇이 우리 삶에 가장 필요하고 중요한지 잘 압니다. 하지만 악한 영이 지배하는 세상은 우리의 가치관을 뒤바꾸어 놓으려고 합니다. 악한 것을 선하다 하고, 어둠을 빛이라 하고, 쓴 것을 달다 합니다.

우리 사회에 반사회적 행동이 늘고, 가족관계가 해체되고, 공공선에 대한 무관심이 증가하고, 개인의 욕망을 노골적으로 추구하는 것이 부끄러움이 되지 않는 것은 악한 영에 사로잡힌 이들의 속임수에 넘어갔기 때문입니다. 신앙을 갖는다는 것은 전도된 가치관을 바로잡는다는 뜻인지도 모르겠습니다.

과도한 욕망의 덫에 빠진 이들은 결코 행복할 수 없습니다. 우리

버릴수록 우리를
자유롭게 하는 것들

영혼에 난 커다란 허무의 구멍은 나눔과 돌봄과 섬김의 기쁨을 통해서만 메울 수 있습니다. 물론 사람마다 가치관의 우선순위는 다 다릅니다. 하지만 하나님을 믿는 이들은 자기 삶의 순도를 재는 시금석을 늘 가지고 살아야 합니다. 그것은 하나님의 나라입니다.

나의 말과 행동이 하나님 나라에 합당한 것인가를 늘 살필 필요가 있습니다. 믿음은 실천을 요구합니다. 그 실천은 의지가 애착하는 것들의 희생을 요구합니다. 애착에서 벗어나는 순간, 예수 그리스도의 빛이 우리 속에 비쳐 들기 시작합니다. 바울 사도는 말합니다.

하나님의 뜻에 맞게 마음 아파하는 것은, 회개를 하게 하여 구원에 이르게 하므로, 후회할 것이 없습니다. 그러나 세상일로 마음 아파하는 것은 죽음에 이르게 합니다(고후 7:10).

하나님의 뜻에 맞게 마음 아파하는 것이야말로 우리 사회의 병리적 증상을 치유하는 길입니다. 하나님이 지금 우리 사회를 보시면서 마음 아파하시는 것은 무엇일까요? 하나님은 주변부로 내몰린 이들에게 특별한 관심을 보이십니다. 하나님을 믿는다면서 그들의 삶에 귀 기울이지 않고, 그들 곁에 다가서지 않고, 그들의 살 권리를 찾아 주려고 애쓰지 않는다면, 하나님을 믿는다는 고백이 대체 무슨 의미가 있겠습니까?

이 무더운 여름날, 하나님의 마음은 얼마나 답답하실까 생각하니 죄송스러운 마음뿐입니다. 히브리의 지혜자는 "믿음직한 심부름꾼은 그를 보낸 주인에게는 무더운 추수 때의 시원한 냉수와 같아서, 그 주인의 마음을 시원하게 해준다"(잠 25:13)라고 노래했습니다. 우리의 삶이 주님께 바치는 시원한 냉수가 된다면, 그보다 더 복된 일이 어디에 있겠습니까. 그 꿈 하나 마음에 품고 이 험한 세월을 건너십시오.

버릴수록 우리를
자유롭게 하는 것들

특권이라는
독약

맹자가 말하는 군자삼락의 첫 번째는 '부모구존형제무고 父母俱存兄弟無
故'입니다. 부모님이 다 살아 계시고, 형제자매들이 별고 없이 지내는
즐거움은 평범해 보이지만 아주 소중한 기쁨입니다. 이미 돌아가셨
어도 부모님은 늘 그리움의 대상입니다. 가끔 삶이 힘겹거나 외롭
다는 생각이 들 때면 그분들의 인자하신 얼굴과 음성이 떠오르기도
합니다. 아마 그런 느낌이 아닐까 싶습니다. 시인 문태준은 〈어떤
부름〉이라는 시에서 이렇게 노래합니다.

늙은 어머니가
마루에 서서
밥 먹자, 하신다
오늘은 그 말씀의 넓고 평평한 잎사귀를 푸른 벌레처럼 다 기어가
고 싶다
막 푼 뜨거운 밥에서 피어오르는 긴 김 같은 말씀

원뢰遠雷 같은 부름

나는 기도를 올렸다,

모든 부름을 잃고 잊어도

이 하나는 저녁에 남겨 달라고

옛 성 같은 어머니가

내딛는 소리로

밥 먹자, 하신다

시인은 "밥 먹자" 하시던 늙은 어머니의 음성을 꼭 붙들려고 합니다. 그 음성은 막막하기만 한 인생의 피난처와 같습니다. 잘났다 못났다 잘했다 못했다 판단하지 않으시고, 그저 자식에게 더운밥 먹이고픈 마음이야말로 살벌한 세상에서 떠내려가지 않도록 우리를 지탱해 주는 닻인지도 모르겠습니다. "밥 먹자" 하는 어머니의 음성은 험한 세상을 방황하던 이들이 언제라도 돌아가 안길 수 있는 마음의 고향입니다. 디베랴 바닷가에서 제자들도 같은 음성을 들었습니다. "와서 아침을 먹어라"(요 21:12).

세상에서 부모와 자식의 인연으로 만나는 일처럼 신비하고 감사한 일이 또 있을까요? 우리는 모두 부모님의 몸을 빌려 이 세상에 왔습니다. 그런데도 자식들은 자기만의 독자적인 인생을 살아갑니다. 그래서 칼릴 지브란은 "아이들이란 스스로 갈망하는 삶의 딸이며 아들인 것. 그대들을 거쳐 왔을 뿐 그대들에게서 온 것은 아니"라

124

고 말합니다. 부모들은 활이고 아이들은 살아 있는 화살입니다. 사수는 하나님입니다. 지브란은 이 미묘한 관계를 이렇게 표현합니다. "그리하여 사수이신 신은 무한의 길 위에 한 표적을 겨누고 그분의 온 힘으로 그대들을 구부리는 것이다. 그분의 화살이 보다 빨리, 보다 멀리 날아가도록."⁹⁾

부모는 '당겨진 활'입니다. 하나님은 화살을 멀리 보내기 위해 부모를 그렇게 힘껏 잡아당깁니다. 자식 키우는 일이 쉽지 않은 것은 그 때문입니다. 기쁨과 기대, 안쓰러움과 속상함이 교차합니다. 그 애씀과 고마움을 잊지 않아야 사람입니다. 성경이 부모를 공경하라 이르는 까닭은 괜히 자식들에게 부담을 주려는 것이 아니라, 그것이 사람됨의 기본이기 때문입니다. 부모를 공경할 줄 모르는 사람은 하나님도 사랑할 수 없습니다.

어느새 스며든 특권 의식

사무엘상 2장은 성소에서 하나님을 섬기던 엘리 가문에서 벌어진 일을 들려줍니다.

> 엘리는 매우 늙었다. 그는 자기 아들들이 모든 이스라엘 사람에게 저지른 온갖 잘못을 상세하게 들었고, 회막 어귀에서 일하는 여인들과 동침까지 한다는 소문을 들었다. 그래서 그는 그들을 타일렀다(삼상 2:22-23).

엘리에 대한 정보가 많지 않기에 그가 어떤 사람인지 말하기는 조심스럽지만, 따뜻하고 친절한 사람이었던 것 같습니다. 아이를 갖지 못한 한을 품고 성소에서 울며 기도하는 한나의 처지에 깊이 공감하고, 그를 위해 축복해 준 것만 보더라도 그렇습니다. 그러나 엘리에게도 걱정거리가 있었습니다. 아들들의 행실이 나빴던 것입니다. 그들은 주님을 무시했습니다. 사람들이 제사를 드리고 고기를 삶을 때마다 갈고리를 가져와서 제물을 건져가곤 했습니다. 제물을 태워 바치려는 이들에게 날고기를 요구하기도 했습니다. 심지어는 회막 어귀에서 일하는 여인들과 동침까지 했습니다. 제사장의 권한을 오용했던 것입니다.

엘리의 아들들은 존경받는 제사장인 아버지 엘리의 후광 덕분에 자질과는 상관없이 제사장이 되었습니다. 경제적 어려움 없이 살았을 것이고, 젊었을 때부터 사람들의 공대를 받았을 것입니다. 그런 생활에 익숙해지면서 그들은 자기도 모르는 사이에 특권 의식에 조금씩 물들었을 겁니다. 이것은 먼지가 쌓이듯 소리 없이 진행됩니다. 특권 의식은 성찰을 가로막습니다. 자기 행동을 돌이켜 보지 않게 된다는 말입니다. '나는 그렇게 해도 괜찮다'는 생각에 사로잡힐 때, 행동은 방자해지고, 타자들에게 상처를 입히고, 결과적으로는 하나님을 모독하게 됩니다.

권한 혹은 권세라는 것처럼 들큼한 것이 없습니다. 진정한 권위가 사람들로 자발적으로 움직이게 하는 힘과 영향력이라면, 권세 혹은 위세란 나의 의지를 다른 이들에게 부과하여 그들로 내 의지대로 움직이게 하는 강제력입니다. 그들은 자신들이 전능하다고 느낍니다. 자기 힘을 과신하는 이들일수록 타자에 대한 공감 능력이 떨어집니다.

갑질이라는 말이 사회 문제가 되고, 싸잡아 말할 수는 없으나 재벌가 사람들의 일탈 행위가 연일 매스컴을 장식합니다. 도대체 왜 그들은 그 지경에 이른 것일까요? 어릴 때부터 물질적 어려움을 겪지 않았고, 자기 의지가 좌절되는 것을 경험해 본 적이 없기 때문이 아닐까요? 그들은 먹고살기 위해 치열하게 노력하고, 때로는 감정 노동도 해야 하는 이들의 아픔을 알지 못합니다. 그들은 욕망과 충족 사이의 거리를 견디지 못합니다. 주변 사람들은 자기들의 욕망을 실현하기 위해 움직여야 하는 하인일 뿐입니다.

요즘 부모들은 자식들 기죽이지 않으려고 최선을 다합니다. 그래서 아이들은 욕망을 포기하는 법도, 욕망이 충족되기까지 시간이 필요하다는 사실도 배우지 못합니다. 원하는 것을 즉시 손에 넣을 때 아이들은 만족할지 모릅니다. 하지만 불행하게도 고마움이라는 더 중요한 가치를 잃어버리고 맙니다. 자신이 누리는 것을 소중하게 여길 줄도 모릅니다. 부모가 당연히 그렇게 해 주어야 한다고 생각합니다. 그런데 당연의 세계에는 감사가 없습니다.

학벌은 좋은데 처신하는 것은 형편없는 이들이 참 많습니다. 다른 이들과 섞여 살면서 배워야 할 사람됨을 배우지 못했기 때문입니다. 속물은 그렇게 탄생합니다. 전남대학교 철학과 김상봉 교수는 재일학자인 서경식 선생과의 대담에서 교양은 "모든 일을 자신의 편협한 이해관계에서 벗어나 타인의 눈으로 바라보고 생각할 줄 아는 정신의 개방성"과 관련된다고 말합니다.

> 총체성을 향한 소질로서의 교양의 본질은 자기를 초월하여 타자의 자리에 자기를 놓을 줄 아는 능력, 곧 타자에 대한 상상력이라고 하겠습니다. … 그런 의미에서 참된 교양이란 '학문이나 예술에 대한 지식과 소양을 얼마나 축적했느냐'가 아니라 '타인의 삶의 기쁨과 슬픔을 얼마나 절실하게 공감하고 이해할 수 있느냐'에 달려 있다고 하겠습니다.[10]

악행에 길든 아들들

이런 자질이 없는 이들이 지도자가 될 때 문제가 발생합니다. 제사장인 엘리의 두 아들에게 요구되는 가장 중요한 자질은 하나님을 향한 경외심과 공감 능력입니다. 그들은 그 두 가지를 다 결여하고 있었습니다. 결국, 그들은 자기들의 죄로 인해 망할 수밖에 없었습니다. 아들들의 악행에 관한 소문을 접한 늙은 엘리는 아들들을 불러 준엄하게 꾸짖습니다.

> 너희가 어쩌자고 이런 짓을 하느냐? 너희가 저지른 악행을, 내가

이 백성 모두에게서 듣고 있다. 이놈들아, 당장 그쳐라! 주님의 백성이 이런 추문을 옮기는 것을 내가 듣게 되다니, 두려운 일이다. 사람끼리 죄를 지으면 하나님이 중재하여 주시겠지만, 사람이 주님께 죄를 지으면 누가 변호하여 주겠느냐?(삼상 2:23-25)

바야흐로 엘리를 비추고 있던 태양이 서산 너머로 넘어가기 직전이었습니다. 엘리는 아들들로 인해 자신의 삶을 지탱하던 기초가 무너지고 있음을 직감합니다. 하지만 꾸지람도 그들을 되돌려 놓지는 못했습니다. 악행에 길든 아들들은 아버지의 충고 따위는 가볍게 무시하고 맙니다. "아버지가 이렇게 꾸짖어도, 그들은 아버지의 말을 듣지 않았다." 성경은 그 까닭을 간결하게 서술합니다. "주님께서 이미 그들을 죽이려고 하셨기 때문이다"(삼상 2:25).

악행이라는 병이 이미 고황膏肓에 들었기 때문입니다. 굳어짐이야말로 죽음의 징조라지 않습니까? 돌이키기에는 너무 늦었습니다. 그런데 눈여겨볼 것이 있습니다. 엘리의 두 아들의 악행을 전하는 본문의 앞뒤에는 마치 괄호처럼 사무엘의 이야기가 등장합니다.

사무엘은 제사장 엘리 곁에 있으면서 주님을 섬기는 사람이 되었다(삼상 2:11).

한편, 어린 사무엘은 커 갈수록 주님과 사람들에게 더욱 사랑을 받았다(삼상 2:26).

엘리 가문이 그렇게 무너져 갈 때 하나님은 사무엘이라는 새로운 리더십을 세우고 계셨던 것입니다. 한 세대가 가고 다른 한 세대가 옵니다. 저는 늘 불효란 부모보다 정신의 그릇이 큰 사람이 되지 못하는 것이라고 말합니다. 물론 쉽지 않은 일입니다. 요즘처럼 지식과 정보가 파편화되고, 먹고사는 일이 온통 우리 삶을 사로잡고 있어 삶을 총체적으로 이해할 가능성이 줄어든 세대에는 더욱 그러합니다. 그런데도 우리는 부모보다 더 큰 정신이 되기 위해 노력해야 합니다. 끊임없이 자기 한계를 돌파하여 더 큰 세계와 접속하며 살아야 합니다.

탐욕과 부패로 무너진 신앙의 계보
황인숙 시인의 시 중에서 〈황색 시간〉이라는 시가 있습니다.

문득 고요히
빛과 어둠이 멈추는
황색 시간

이 시구에 저도 모르게 마음이 흔들렸습니다. 어쩌면 그 시간은 늦은 오후쯤인지도 모르겠습니다. 시인은 그 시간을 '까마득 먼 데

130

서 돌아온 것 같이 경험합니다. 시인은 호젓한 평화를 누리고 싶어 합니다. 그래서 이렇게 다짐합니다.

생계가 나를 부산스럽게 만들지라도
그래서 슬퍼하거나 노하더라도
호시탐탐
석양에 신경 좀 쓰고 살으리랏다

사는 건 여전히 힘이 듭니다. 그래도 삶에 너무 휘둘리지 말고, 빛과 어둠이 공존하는 그 거룩한 시간을 제 삶으로 받아들이며 살자는 겁니다. 이게 어쩌면 노년에 이른 이들의 보편적 꿈인지도 모르겠습니다. 그런데 가멸찬 그런 꿈을 누리는 이들이 많지 않습니다.

엘리가 가엾습니다. 그의 생은 다른 이들이 아니라 악행을 저지르고 하나님을 무시하는 아들들에 의해 부정당했습니다. 그는 하나님을 섬기는 사람으로 일평생을 살았지만, 아들들로 인해 결국 비참한 최후를 맞이하고 말았습니다. 고요해야 할 황색 시간이 그에게는 잿빛 시간이 되었던 것입니다. 블레셋과의 전투에서 두 아들이 전사했고 하나님의 궤까지 빼앗겼다는 소식을 듣고 그는 의자에서 넘어져 죽고 맙니다(삼상 4:17-18).

엘리의 뒤를 이어 사무엘이 사사가 되었습니다. 그는 사람들에게 두루 존경을 받았습니다. 하지만 그 또한 황색 시간을 행복하게 보내지 못했습니다. 그의 아들들 또한 엘리의 아들들과 다를 바 없는 행태를 보였기 때문입니다. 맏아들 요엘과 둘째 아들 아비야는 브엘세바에서 사사로 일했는데, 그들도 행실이 바르지 않았습니다.

> 그러나 그 아들들은 아버지의 길을 따라 살지 않고, 돈벌이에만 정신이 팔려, 뇌물을 받고서, 치우치게 재판을 하였다(삼상 8:3).

왜 이런 일이 반복되는 것일까요? 똑같은 이유일 것입니다. 그들 또한 풍요와 존경 속에 살면서 거기에 익숙해졌던 것입니다. 경외심이 있어야 할 자리에 특권 의식이 자리를 잡았고, 정의와 공의의 자리에 사익이 들어서면 그걸로 끝입니다. 자기에게 주어진 직무에 대한 존경을 자신의 사람됨에 대한 존경으로 받아들이거나, 대접받는 일에 익숙해질 때 사람은 타락하게 마련입니다.

그러기에 자꾸만 낮은 데 처하는 연습을 해야 합니다. 어려운 이들을 돕는 일에도 동참해야 합니다. 낮은 마음을 얻지 못하면 사람은 방자해집니다. 요즘 자기 자식에게 '사서 고생'을 하게 하는 중국 부모가 늘고 있다는 보도를 접했습니다. 산아제한 정책 때문에 한 아이만 낳아야 했던 부모들이 금이야 옥이야 하고 자식을 키우다 보니 아이들이 아주 버릇없이 자라는 일이 많았습니다. 이런 경향을 타개하려고 아이들에게 결핍과 불편을 체험하게 하는 중국 부모가 늘어나고 있다는 것입니다.

버릴수록 우리를
자유롭게 하는 것들

엘리 가문에서 사무엘 가문으로 이어지는 신앙의 계보가 탐욕과 부패로 무너지자, 평등 공동체의 꿈을 지탱하던 영적 권위 또한 무너지고 말았습니다. 백성들은 사무엘에게 왕을 세워 달라고 요청합니다. 정신이 무너진 자리를 법이 채워야 한다고 믿었기 때문일 겁니다. 사무엘의 황색 시간도 우울하기는 마찬가지입니다.

부모들이 자식들에게 물려주어야 할 것은 물질만이 아닙니다. 하나님을 경외하는 마음과 고통받는 이웃에게 공감하는 마음이야말로 자녀들에게 줄 수 있는 최고의 유산입니다. 자녀들이 그 유산을 값지게 받을 때 황색 시간은 고요하고 아름다운 시간이 될 것입니다. 주님의 도우심으로 모든 가정에서 그러한 신앙의 유산이 아름답고 소중하게 계승되기를 주님의 이름으로 축원합니다.

불의한 재물

한 부자가 있었습니다. 그는 자기 재산을 믿음직한 청지기에게 맡겨 관리하게 했습니다. 그 청지기는 오랜 세월 주인의 수족이 되어 성실하게 일했기에 그런 신뢰를 얻었을 것입니다. 그런데 어느 순간 자신의 처지를 잊은 것 같습니다. 자기를 주인의 자리에 세우고 사람들을 바라보게 된 것이지요. 이런 걸 '합일화^{incorporation}'라고 한답니다. 권력의 단맛에 취한 그는 공사 구별을 잊은 채 주인의 재물을 조금씩 축냈고, 또 사람들을 다소 거칠게 대한 것 같습니다.

성경은 그의 행실에 관한 소문이 마을을 한 바퀴 휘돌아 마침내 주인의 귀에까지 들려왔다고 말합니다. 이때 사용된 '소문이 났다'에 해당하는 그리스어 '디아발로^{diaballo}'의 원뜻은 '비난하다', '고소하다'입니다. 그래서 어떤 이는 이 대목을 "청지기가 부당하게 고발되었다"라고 번역해야 한다고 말하기도 합니다. 어쨌든 그는 주인의 의심을 샀고, 주인은 마침내 청지기를 해고하기에 이릅니다.

뒤늦게 후회해 봐야 엎질러진 물은 다시 담을 수 없는 법입니다.

그는 자신의 처지를 돌아봅니다. 거친 들일을 놓은 지 오래되어 손은 곱상하고, 팔과 다리, 허리와 가슴 근육은 다 물렁물렁해져서 노동을 견딜 자신이 없었습니다. 그렇다고 밥을 빌어먹기도 부끄러웠습니다. 몸이 힘든 것은 고사하고, 사회적으로 몰락한 자신을 향한 사람들의 따가운 시선을 견딜 자신이 없었을 것입니다.

불의한 청지기

도무지 깊이를 가늠할 수 없는 어둠 앞에서 망연자실하던 그의 머리에 불현듯 한 가지 생각이 떠올랐습니다. '아직 내가 해고당했다는 사실을 사람들은 모르지 않는가?' 그는 주인에게 빚을 진 사람 하나를 은밀하게 불러 묻습니다. "당신이 내 주인에게 진 빚이 얼마요?" "기름 백 말이오." 청지기는 그에게 빚 문서를 내밀면서 "어서 앉아서, 쉰 말이라고 적으시오"라고 말합니다. '밀 백 섬'을 빚진 사람도 따로 불러 빚 문서에 '여든 섬'이라고 고쳐 적게 합니다. 그는 자기가 청지기 자리에서 해고되었다는 사실이 알려질 때, 사람들이 자기를 맞아 줄 거라는 기대를 품고 이런 일을 했습니다(눅 16:1-7).

그런데 조금 이상하지요? 왜 기름은 50퍼센트나 탕감해 주고, 밀은 20퍼센트만 탕감해 줄까요? 이는 당시 사회 관행을 반영한 수치입니다. 올리브 기름은 변질의 우려가 있어서 50퍼센트 정도의 이익이 적정 수준이었고, 밀은 20퍼센트 정도의 이익이 적정했다고 합니다. 그러니까 청지기의 회계 조작은 어떤 의미에서는 주인의 이익을 없애는 것이었다고 할 수 있습니다. 나름의 저항이었을까요?

하지만 청지기가 한 일은 얼마 지나지 않아 주인의 귀에 들려왔습니다. 그런데 주인의 반응은 우리의 예상을 뛰어넘습니다.

주인은 그 불의한 청지기를 칭찬하였다. 그가 슬기롭게 대처하였기 때문이다. 이 세상의 자녀들이 자기네끼리 거래하는 데는 빛의 자녀들보다 더 슬기롭다(눅 16:8).

불호령이 떨어질 거라는 예측과 달리 청지기를 칭찬합니다. 슬기롭게 대처했다는 것입니다. 우리의 도덕 감정이 불편해지기 시작하는 것은 바로 이 대목입니다. 청지기의 행동이 칭찬을 받다니? 윤리고 도덕이고 다 팽개치고 제 살 궁리만 하면 그만이라는 말인가 싶어 고개를 갸웃거리지 않을 수 없습니다. 꿩 잡는 게 매라는 말일까요?

이 대목에서 우리가 유의해야 할 것이 있습니다. 이 이야기가 비유라는 사실입니다. 비유를 이해할 때 중요한 것은 그 비유가 윤리적이냐 아니냐가 아니라, 그 비유가 드러내려는 지점이 무엇인가입니다. 이것을 '비유점'이라고 합니다.

에두르지 않고 직접 말하자면, 여기서 주인이 칭찬한 것은 청지기의 불의한 행동이 아니라, 살길을 찾고자 그가 보인 지체 없는 결단과 실행입니다. 해고를 통보받고, 상황의 엄중함을 정확히 파악하고, 살길을 모색하고, 지체하지 않고 실행에 옮기는 청지기의 모습이야말로, 주님을 따르는 이들에게 기대되는 모습이라는 것입니다.

예수님은 하나님 나라를 향한 소망을 품고 사는 사람들이 자신의 상황을 빨리 파악하고, 그렇게 단호하게 행동하기를 원하십니다. 즉, 너무 늦어 아무것도 할 수 없는 상황이 오기 전에 지체하지 말고 '하나님 나라'를 위해 결단하고, 실행에 옮기라는 것이지요.

하나님의 부르심을 받았을 때 아브라함은 살던 땅, 태어난 곳, 아버지의 집을 떠났습니다. 주님의 부름을 받았을 때 제자들은 배와 그물을 버려두고 예수님을 따랐습니다. 두 손을 모으려면 손에 든 것을 일단 내려놓아야 하는 것처럼, 주님의 부름에 응답하려면 옛 삶의 방식을 포기해야 합니다. 값진 진주를 발견한 상인은 자기의 전 재산을 다 팔아 진주를 샀습니다. 배부르고 등 따스한 삶을 구하는 이들은 주님의 제자라 할 수 없습니다. 주님의 제자가 되기 위해 맨 먼저 해야 할 일은 무엇일까요?

돈의 지배력

주님은 불의한 청지기 비유를 들려주신 후에 "불의한 재물로 친구를 사귀어라"(눅 16:9)라고 말씀하십니다. 이해하기도 어렵고 조금 불편하기도 합니다. 그런 불편함은 이중적입니다. 세상 사람들이 그렇게도 좋아하는 재물에 '불의한'이라는 형용사를 쓰고 있다는 점이 그 하나이고, 그 재물로 친구를 사귀라는 말이 다른 하나입니다.

돈이 무슨 죄가 있기에 '불의한'이라는 오명을 써야 한다는 말입니까? 돈은 교환의 매개이기에 잘만 사용하면 참 좋은 것이라고 사람들은 말합니다. 옳은 말처럼 들립니다. 하지만 한계 또한 분명한 말입니다. 사실 돈은 매혹적입니다. 그 매혹을 떨쳐 버릴 수 있는 사람은 많지 않습니다. 뇌물이 올무임을 모르는 사람은 없을 겁니다. 그런데도 사람들은 번번이 그 올무에 걸려듭니다.

이제나 그제나 돈은 '유사 신pseudo-god'입니다. 주님은 재물이 어떻게 사람들을 지배하는지 꿰뚫어 보셨습니다. 건강한 노동을 통해서가 아니라, 어두운 거래를 통해 획득한 돈은 우리 정신을 타락시키게 마련입니다. 저는 높은 자리에 오르려고 돈을 쓰는 종교인들을 존중할 수 없습니다. 자신의 욕망을 실현하고자 주위 사람들을 돈으로 타락시키기 때문입니다. 주님은 돈을 '맘몬'이라고 하셨습니다. 거기다 '불의한'이라는 말까지 덧붙였습니다. 바울 사도는 디모데에게 보내는 편지에서 말합니다.

그러나 부자가 되기를 원하는 사람은, 유혹과 올무와 여러 가지 어리석고도 해로운 욕심에 떨어집니다. 이런 것들은 사람을 파멸과 멸망에 빠뜨립니다. 돈을 사랑하는 것이 모든 악의 뿌리입니다. 돈을 좇다가, 믿음에서 떠나 헤매기도 하고, 많은 고통을 겪기도 한 사람이 더러 있습니다(딤전 6:9-10).

그러면 우리도 무소유를 선언하고 살아야 한다는 말입니까? 아닙니다. 돈의 지배력에 저항하라는 말입니다. 저항의 가장 좋은 방식은 나보다 더 필요한 사람에게 주는 것입니다. "불의한 재물로 친구를 사귀어라"라는 말은 바로 이런 사실을 가리킵니다.

몇 해 전에 태백에서 목회하던 후배 목사가 희한한 일을 겪었다면서 들려준 이야기가 기억납니다. 그는 교회에서 조금 떨어진 곳에 밭을 임대해서 옥수수 농사를 시작했습니다. 정성을 기울인 만큼 옥수수가 크는 모습을 보면서 흐뭇했고, 탐스럽게 열린 옥수수를 보면서 뿌듯했답니다.

그런데 어느 날 장사꾼이 와서 옥수수를 팔라고 했습니다. 마을 사람들하고 나눠 먹을 생각이었는데, 하도 집요하게 조르니 할 수 없이 밭떼기로 팔았습니다. 500평에 심긴 옥수수를 40만 원에 넘겼습니다. 서울에서 온 장사꾼은 값을 잘 쳐줬다고 엄너리를 치며, 옥수수를 거두어 갔습니다. 그런데 나중에 자초지종을 들은 마을 사람들은 그 정도면 120만 원은 넉넉히 받을 수 있다며 혀를 찼습니다. 이 순진한 목사가 세상의 아들들에게 속은 것이지요. 생각할수록 분해서 잠도 오지 않았습니다. 농산물 가격이 내려가면 농약을 먹고 자살하는 농부들의 심정을 알 것만 같았습니다.

자는 둥 마는 둥 하다가 새벽기도회에 나갔는데, 자꾸 "네 주머니에 있는 것을 주라"는 소리가 들리는 것 같았습니다. 무슨 소리일까 곰곰이 생각하다가 그는 하나님이 자기 삶에 개입하시는 것을 느졌습니다. 그래서 어려움을 겪는 지역 사람들에게 옥수수 판 돈을 나눠 주었습니다. 기왕에 나눠 먹으려던 옥수수 아니었던가? 다 나눠 주고 나니까 이런 깨달음이 왔습니다. '내가 소유하려니까 액수의 많고 적음이 내 마음을 흔들었지만, 나눠 주려니까 그게 문제가 안 되는구나.' 그는 그런 깨달음을 주신 하나님께 감사했습니다. 나누어 줌으로써 돈으로부터 해방되었던 것이지요. 다시 한번 본문으로 돌아가 볼까요?

> 불의한 재물로 친구를 사귀어라. 그래서 그 재물이 없어질 때에,
> 그들이 너희를 영원한 처소로 맞아들이게 하여라(눅 16:9).

여기서 우리는 아주 급진적인 사상과 만납니다. 우리가 어려운 이들을 위해 사용한 돈이야말로 우리를 영원한 나라로 이끄는 길이 된다는 것입니다. 여기서 '불의한 재물'은 가난한 이들과 고통을 겪는 이들에게 우리가 줄 수 있는 모든 것을 일컫는다고 보아야 할 것입니다. 일종의 제유법提喩法이지요. 주님께서는 "너희가 여기 내 형제자매 가운데, 지극히 보잘것없는 사람 하나에게 한 것이 곧 내게 한 것이다"(마 25:40) 하고 말씀하셨습니다.

이 말씀을 읽다가 그동안 제가 주목하지 않았던 단어 하나가 송곳처럼 제 가슴을 파고들었습니다. 주님은 세상에서 천더기 신세를 면치 못하는 이들을 가리켜 '내 형제자매'라고 일컫고 계십니다. 그

저 해 보는 말이 아닙니다. 그게 예수의 진정입니다. 그들을 살붙이처럼 여기셨기에 그들의 배고픔과 목마름, 헐벗음, 외로움, 두려움, 고통에 응답하지 않을 수 없었던 것입니다. 한국이 낳은 위대한 영성가 이신(1927-1981) 목사의 글을 읽다가 이런 구절과 만났습니다.

그분은 나를 믿어 달라고 요청하시는 것보다 내 속을 좀 알아 달라고 하십니다.

"내 속을 좀 알아다오." 이 구절을 읽고 가슴을 치지 않을 수 없었습니다. 세상에서 어려움을 겪는 사람들을 당신의 살붙이처럼 여기시면서 어찌하든지 그들을 돕고 싶은 주님의 속마음을 알아드리지 않는다면 우리의 믿음이 대체 무엇이겠습니까? 예수님은 제자들에게 "지극히 작은 일에 충실한 사람은 큰일에도 충실하고, 지극히 작은 일에 불의한 사람은 큰일에도 불의하다"(눅 16:10) 하셨습니다. 틀림없는 말씀입니다. 돈이 많아야 하나님의 일을 할 수 있는 것은 아닙니다. 마음만 있으면 우리는 이웃들에게 선물이 될 수 있습니다.

누군가의 필요에 응답하기 위해 일주일 중 다만 한 시간이라도 비워 두십시오. 외로운 이의 말벗이 되어 주거나, 마음을 담은 편지를 쓰거나, 삶의 벼랑에 내몰린 이들에게 다가가 그들이 혼자가 아니라는 사실을 확인시켜 줄 수도 있습니다. 주님의 속을 좀 알아드리며 살 때 우리 삶은 하늘의 빛으로 충만해질 것입니다. 우리를 괴롭히던 삶의 비애는 줄어들고, 평안과 감사가 찾아올 것입니다.

삶의 주인

지금 우리 삶을 지배하는 주인은 누구입니까? 하나님입니까, 돈입니까? 주님은 말씀하십니다.

한 종이 두 주인을 섬기지 못한다. 그가 한쪽을 미워하고 다른 쪽을 사랑하거나, 한쪽을 떠받들고 다른 쪽을 업신여길 것이다. 너희는 하나님과 재물을 함께 섬길 수 없다(눅 16:13).

잘못된 주인을 모시면 인생이 고단해집니다. 지금 우리가 누리는 것들을 하나님께서 주신 선물로 이해하고, 그것이 더 필요한 이들에게 주는 순간 우리의 소속이 바뀝니다. 개인도 그렇지만 교회도 마찬가지입니다.

교회는 주님의 마음을 품고 주님의 형제자매들에게 다가가야 합니다. 교회가 지향해야 할 것은 교세 확장이 아니라, 그리스도의 몸으로 거듭나는 것입니다. "내가 누구를 보낼까? 누가 우리를 대신하여 갈 것인가?" 주님의 탄식을 들은 이사야는 "제가 여기에 있습니다. 저를 보내어 주십시오."(사 6:8) 하고 응답했습니다.

우리가 주어야 할 것, 또 줄 수 있는 것은 돈만이 아닙니다. 사랑과 우정에 굶주린 이들이 세상에 많습니다. 누군가가 내밀어 줄 연대의 손길을 기다리는 이들은 또 얼마나 많습니까? 지금이야말로 우리가 결단해야 할 시간입니다. 주님은 샬롬의 세상을 열어 가라고 우리에게 꿈을 심어 주셨건만, 우리는 그 꿈을 허비하고 있지는 않은지요?

팔레스타인 가자 지구에서 벌어지는 참극은 인류의 양심이 무엇인지 묻습니다. 이스라엘 군인들이 1백여 명의 피난민을 한 건물에 몰아넣고 폭격해 수많은 사상자가 났다는 소식이 들려옵니다. 더는 침묵하면 안 됩니다. 분명한 어조로 전쟁에 반대해야 합니다. 전쟁은 하나님의 뜻에 어긋나기 때문입니다. 나를, 그리고 나의 삶의 가능성을 누구에게 바치느냐에 따라 우리 삶은 달라집니다. 지금 여러분의 주인은 누구입니까? 우리의 재능과 건강과 시간과 물질은 하나님의 일을 위해 하나님께 봉헌되어야 함을 잊지 마십시오.

3부

이웃과

세상을 향한

뒤틀린 생각

사람은 누군가의 이웃이 됨으로써 참사람이 될 수 있습니다.

그 사실 하나만 가슴에 담고 살아도 우리 삶은 맑아질 것입니다.

누군가를 품으려고 마음을 여는 순간

예기치 않았던 생명의 힘이 우리에게 생겨납니다.

요나는 하나님의 말씀을 맡은 자임에도 불구하고, 그 말씀에 순종하기 싫어했습니다. 요나가 말씀을 선포해야 했던 니느웨는 아시리아의 수도입니다. 요나서는 니느웨를 '큰 성읍'이라 일컫습니다. '크다'는 표현은 일차적으로는 도시의 규모를 가리키는 말이지만, 그 속에 담긴 뜻은 조금 다를 수 있습니다.

사람들은 대개 큰 것을 좋아합니다. 하지만 규모가 크다는 것은 그 안에 있는 이들의 욕망이 다양하다는 말일 것이고, 욕망이 다양하다는 말은 사람들이 갈등에 빠질 가능성이 크다는 말이고, 그 갈등을 해결하기 위해 공권력이 폭력적으로 개입할 때가 많다는 말일 겁니다. 옛사람들은 '화이부동和而不同'을 좋은 사회의 표지로 이해했습니다. 하지만 규모가 커질수록 다양성은 질서를 깨뜨리는 것으로 여겨지기 쉽고, 따라서 힘이 있는 이들은 생각과 살아가는 방식이 다른 이들을 폭력적으로 동화시키는 길을 택하곤 했습니다. '동이불화同而不和'의 상황인 셈입니다. 니느웨는 그런 곳이었습니다.

큰 성읍 니느웨

하나님은 억압과 착취가 일상이 된 니느웨를 차마 두고 보실 수가 없었습니다. 그래서 요나를 보내 경고하려 하셨던 것입니다. 그러나 요나는 적대 국가인 아시리아에 가서 말씀을 전할 생각이 없었습니다. 그 나라는 망해야 할 나라라고 생각했기 때문입니다. 망할 나라에 가서 말씀을 전했다가 그들이 회개하기라도 한다면 하나님은 그들에 대한 징계를 철회하실 것임이 분명했습니다. 요나는 그런 의미에서 하나님에 대해 잘 아는 사람임이 분명합니다. 그러나 그는 하나님을 부분적으로만 알 뿐입니다. 하나님의 속성은 알지만, 하나님의 마음을 헤아리지 못합니다. 부분에 지나지 않는 자기의 앎을 전부인 양 생각하는 것이 인간의 우매함입니다.

일단 요나는 하나님의 낯을 피하여 달아날 수 있다고 생각합니다. 마치 하나님이 부재하는 장소가 있을 수 있다는 듯이 말입니다. 다시스로 가는 배를 탄 그는 그 도피가 주는 쓰라림과 두려움을 회피하기 위해 배 밑창에서 잠을 청합니다. 하지만 큰 풍랑이 일었고, 배는 파선의 위험에 처했습니다. 뱃사람들이 자기들의 경험을 다 동원하여 배를 구하려 했지만 소용이 없었습니다. 이후에 벌어진 일들은 우리가 잘 아는 바와 같습니다. 그는 바다에 던져졌고, 물고기에 삼켜졌으며, 물고기 뱃속에서 하나님께 참회의 기도를 올렸고, 마침내 살아나 니느웨로 갔습니다.

니느웨는 둘러보는 데만 사흘 길이나 되는 큰 성읍이었는데, 요나는 겨우 하룻길을 걸으며 외쳤습니다.

사십 일만 지나면 니느웨가 무너진다!(욘 3:4)

어떤 열정도 아픔도 분노도 보이지 않는 맨숭맨숭하고 차가운 선포였습니다. 마지못해서 하는 일이었기 때문입니다. 어쩌면 외치면서도 니느웨 사람들이 아무도 자기 말에 주목하지 않길 바랐을지도 모릅니다.

그러나 하나님은 인간의 의도와는 무관하게 어떤 일을 이루십니다. 그 열정 없는 말이 사건을 일으켰습니다. 니느웨 사람들은 즉시 그 말에 반응했습니다. 높은 사람, 낮은 사람 할 것 없이 다 하나님의 말씀을 믿고 굵은 베옷을 입고, 금식을 선포했습니다. 그 소문이 왕에게 들어가자 왕도 의자에서 일어나 임금의 옷을 벗고 베옷으로 갈아입은 채 잿더미에 앉았습니다. 그리고 사람이든 짐승이든 아무것도 먹지 말 것이며, 다 베옷을 걸치고 하나님께 부르짖고, 저마다 자기가 가던 나쁜 길에서 돌이키고, 힘이 있다고 휘두르던 폭력을 그치라는 칙령을 내렸습니다. 그들이 나쁜 길에서 돌이키는 것을 보신 하나님은 뜻을 돌이켜 그들에게 내리시겠다고 하신 재앙을 내리지 않으셨습니다(욘 3:6-10).

버릴수록 우리를
자유롭게 하는 것들

그릇된 선민의식

어떻게 보면 동화 같은 이야기입니다. 국가적인 회개가 이리 쉽게 일어날 수 있다면 세상은 이미 천국으로 변했을 겁니다. 우리는 사람이 조금이나마 겸손해지기 위해서는 많은 고난을 겪어야 한다고 배웠습니다. 고래 힘줄보다 질긴 자아를 극복하는 데도 평생이 걸리는데, 참회가 이렇게 쉽게 일어나는 건 거의 불가능한 일입니다.

요나서가 전하는 메시지의 핵심은 니느웨의 회개가 아닙니다. 오히려 문제적 인물인 요나를 통해 우리의 실상을 돌아보라는 것입니다. 멸망의 벼랑 끝에 있던 니느웨가 기사회생했습니다. 다행입니다. 잘 됐습니다. 그런데 요나는 이 일이 매우 못마땅하여 화가 났습니다. 그래서 하나님께 항의합니다. 자기가 다시스로 달아나려 했던 것은 이런 결과를 예측했기 때문이라면서 자기 행동을 합리화하려 합니다. 더 나아가 "주님, 이제는 제발 내 목숨을 나에게서 거두어 주십시오! 이렇게 사느니, 차라리 죽는 것이 낫겠습니다"(욘 4:3) 하고 불퉁거립니다. 질풍노도의 시기인 청소년 시기에 아이들이 부모를 괴롭히기 위해 주로 사용하는 언사가 이런 것 아닙니까? 요나는 하나님을 괴롭히는 자입니다.

왜 이렇게 화가 난 것일까요? 요나가 느낀 불쾌함의 뿌리는 하나님께서 이방 사람들도 구원하여 주신다는 사실에 닿아 있습니다. 그는 하나님의 은혜가 선민인 이스라엘에만 국한되어야 한다고 생각합니다. 이방 나라에 베푸시는 하나님의 자비가 선민인 이스라엘의 특권을 없애는 것처럼 보여서 흥분했습니다.

하나님이 언제나 내 편이셔야 한다는 생각은 편협한 믿음일 뿐입니다. 하나님을 옹졸하게 만들지 말아야 합니다. 정말로 하나님을 창조주로 믿는다면, 세상에 존재하는 모든 것 속에 하나님의 숨결이 닿아 있음을 믿는다면, 어떻게 하나님이 나 혹은 우리만 사랑하신다고 말할 수 있습니까? 요나는 부족 신앙에서 한 치도 벗어나지 못합니다. 하나님은 은혜로우시며 자비로우시며 좀처럼 노하지 않으시며 사랑이 한없는 분이라고 고백하면서도, 요나는 그 사랑과 자비와 인내가 민족의 울타리 안에서만 작동했으면 하고 바랍니다.

눈물 흘리시는 하나님

하나님은 "네가 화를 내는 것이 옳으냐?"라며 요나의 좁은 생각을 책망하십니다. 그러나 요나는 그 질문에 답하지 않음으로써 자기 속에 들끓는 분노를 드러냅니다. 그리고 성읍 동쪽으로 가서 초막을 짓고 그 그늘에 앉아 니느웨가 멸망하기를 기다립니다. 하나님을 향한 1인 시위인 셈입니다. 집요하고 완고합니다. 이런 요나의 모습을 보고 대노하실 법도 하건만, 하나님은 유머러스하게 대해 주십니다.

박 넝쿨이 자라 요나의 머리 위에 그늘이 지게 하셨던 것입니다. 서늘한 그늘이 그의 기분을 편안하게 해 주었습니다. 그런데 다음날 하나님은 벌레 한 마리를 보내셔서 그 박 넝쿨을 쏠아 버리게 하셨습니다. 해가 떠오르자 동풍까지 보내셨습니다. 요나는 또다시 불통

버릴수록 우리를
자유롭게 하는 것들

거럽니다. "이렇게 사느니 차라리 죽는 것이 더 낫겠습니다." 요나는 감정 기복이 심한 사람입니다. 하나님의 처사가 못마땅하여 화를 내다가도, 박 넝쿨이 드리워 주는 그늘 때문에 좋아하고, 상황이 바뀌자 또 성을 냅니다.

"박 넝쿨이 죽었다고 네가 이렇게 화를 내는 것이 옳으냐?"
"옳다뿐이겠습니까? 저는 화가 나서 죽겠습니다."

예언자는 '보는 사람'입니다. 그런데 요나는 자기 분을 못 이겨 마땅히 봐야 할 것을 보지 못합니다. 그릇된 민족주의적 감정으로 인해 하나님의 뜻을 분별하지 못하는 것은 물론이고, 당신이 지으신 모든 피조물을 사랑하시는 하나님의 마음조차 헤아리지 못합니다. 요나서는 이런 질문으로 끝납니다.

네가 수고하지도 않았고, 네가 키운 것도 아니며, 그저 하룻밤 사이에 자라났다가 하룻밤 사이에 죽어 버린 이 식물을 네가 그처럼 아까워하는데, 하물며 좌우를 가릴 줄 모르는 사람들이 십이만 명도 더 되고 짐승들도 수없이 많은 이 큰 성읍 니느웨를, 어찌 내가 아끼지 않겠느냐?(욘 4:10-11)

세상에 존재하는 모든 것은 우리들의 수고와 무관하게 이 세상에 존재합니다. 존재의 근거는 하나님이십니다. 하나님은 이 모든 것을 아끼시는 분입니다. '아끼다'라고 번역된 '후스'는 '~을 위하여 눈물을 흘리다'라는 뜻이라고 합니다. 하나님은 직접 만드신 모든 피조물을 귀히 여기십니다. 그래서 그 생명이 낭비되는 것을 보며 안타까워하십니다. 우리가 진정 믿는 이들이라면 그런 하나님의 마음과 접속한 채 살아야 합니다. 자기와 관련된 것은 아주 작고 사소해 보이는 것까지 아끼면서, 자기와 무관하다 싶으면 고개를 돌리고 마는 것처럼 하나님을 속상하게 하는 일은 없을 것입니다.

3년 전 우리는 시리아 난민 아기 아일란 쿠르디의 사진을 보고 울었습니다. 터키 바닷가에서 마치 잠든 듯 엎드린 채 죽은 아이의 사진은 전 세계인의 양심에 큰 도전이 되었습니다. 2018년 멕시코 국경에서 검문당하는 엄마를 보면서 우는 한 아기의 사진 또한 우리에게 인류의 양심이 무엇인지를 묻습니다. 불법 체류자라 하여 부모와 아이들을 분리 수용하려던 미국의 선택은 수많은 이의 저항에 부딪혀 취소되었다 합니다.

증오를 부추기는 종교

제주도에는 예멘을 떠나온 난민 500여 명이 머물고 있습니다. 그들을 정치적 난민으로 볼 것인가의 문제는 여전히 과제로 남습니다만, 그들의 존재는 한국 사회의 민낯을 고스란히 드러내고 있습니다. 우리는 다양성이 존중되는 세상에 살면서 여전히 낯선 이들에게

버릴수록 우리를
자유롭게 하는 것들

배타적입니다. 게다가 그들을 난민으로 인정하면 안 된다는 청와대 청원에 응답하는 이들 대다수가 기독교인이라고 합니다. 표면적 이유는 그들이 난민이라기보다는 취업을 위해 온 사람들이라는 것입니다.

하지만 이면적 이유는 조금 다릅니다. 그들은 대개 이슬람교도입니다. 서방 언론은 이슬람에 잠재적 테러리스트라는 이미지를 덧붙였습니다. 세계 곳곳에서 벌어지는 폭력과 테러에 가담하는 이들 가운데 많은 이가 이슬람 세계 출신인 것은 사실입니다. 그렇다고 하여 이슬람 자체가 악마적 종교라고 말하는 것은 적절치 않습니다. 어떤 종교이든 근본주의자들은 다 위험합니다. 나만 옳다는 생각, 그 자체에 폭력이 배태되어 있기 때문입니다. 기독교 근본주의자들, 힌두교 근본주의자들, 이슬람 근본주의자들은 물론이고, 폐쇄적인 민족주의에 사로잡힌 이들은 다 위험합니다.

참된 종교는 증오를 부추기지 않습니다. 참된 종교는 품이 넓어야 합니다. 신문 기사를 통해 제주에서 공존의 싹을 틔우는 사람들의 이야기를 읽었습니다. 국악을 전공한 30대 여성은 예멘 난민들이 잠잘 곳이 없다는 소식을 듣고 서슴없이 자기 연습실을 열어 그들을 받아들였고, 또 자비를 들여 필요한 것을 공급했습니다. 소문을 들은 지인들이 조금씩 필요한 물품을 가지고 찾아오면서 그곳은 따뜻한 환대의 공간으로 바뀌고 있습니다. 자기 집에 큰 방이 비어 있다면서 예멘인 대가족을 맞아 준 분도 계십니다. 언제까지 그들이 거기

머물게 될지는 모르지만, 훗날 그들은 그곳에서 받았던 환대의 경험을 감사함으로 추억할 것입니다. 인류학자 김현경 선생의 말을 경청할 필요가 있습니다.

> 한 사람이 자기 집 문을 두드리는 모든 사람을 들어오게 하여 먹여 주고 재워 주는 것은 가능하지 않다. 하지만 한 사회가 그 사회에 도착한 모든 낯선 존재들을 — 새로 태어난 아기들과 국경을 넘어온 이주자들을 — 조건 없이 환대하는 것은 얼마든지 가능하다. 우리는 모두 낯선 존재로 이 세상에 도착하여, 환대를 통해 사회 안에 들어오지 않았던가?[11]

비용을 따지고, 그들이 초래할지도 모를 혼란을 미리 예단하며 그들을 배척하는 것은 차마 사람이 할 짓이 아닙니다. 특히 기독교인들은 그래서는 안 됩니다. 김현경 선생은 환대가 무엇인지 아주 명확하게 규정합니다. "환대란 타자에게 자리를 주는 것 또는 그의 자리를 인정하는 것, 그가 편안하게 '사람'을 연기할 수 있도록 돕는 것, 그리하여 그를 다시 한 번 '사람'으로 만들어 주는 것"이라고 말입니다.

우리는 이 일을 위해 부름을 받았습니다. 전쟁과 테러의 공포로부터 달아났든, 가난으로부터 달아났든, 조국과 고향을 등질 수밖에 없는 이들은 약자입니다. 그들을 품어 안기 위해 팔을 벌릴 때 우리는 주님의 손과 발이 되는 것입니다. 마태복음 25장에서 예수님은 의지가지없는 사람 한 명 한 명에게 한 것이 당신께 한 일이라고 말씀하셨습니다.

"어찌 내가 아끼지 않겠느냐?"라는 요나서의 마지막 구절은 "오늘 그대는 어떻게 살 것인가?"라고 우리에게 묻습니다. '아낌' 만한 것이 없습니다. 하나님의 마음과는 관계없이 동산 위에 앉아 니느웨의 멸망을 기다리는 요나가 세상 도처에 있습니다. 신앙의 보람은 요나의 작은 마음을 넘어 하나님의 큰마음에 접속하는 데 있습니다. 주님의 은총으로 우리들의 마음이 세상의 약자들을 향해 따뜻하게 열릴 수 있기를 빕니다.

고래 힘줄보다
질긴 편견

성령강림주일은 감리교회 운동을 시작한 존 웨슬리의 회심 기념일이기도 합니다. 한 주간 찬송가 182장부터 196장에 이르는 성령강림절기 찬송을 조용히 읊조리며 지냈습니다. 찬송가 시인들이 성령을 어떤 이미지로 표상하는지 느낄 좋은 기회였습니다. '물같이 흐르는 기쁨' 혹은 '마른 광야를 적시는 생명 시내'(182), '가물어 메마른 땅에 내리는 단비'(183) 등이 물의 이미지라면, '헛된 것을 태우고 냉랭한 마음을 사랑에 불타는 마음으로 바꾸는 큰불'(184, 194)의 이미지도 있습니다. '마음의 어둠을 몰아내고 밝게 하는 빛'(186)과 '어두운 성품에 찾아오는 생명 빛'(188)의 이미지 또한 확고합니다. '에스겔의 골짜기에 불어닥친 생명 바람'(192)과 '믿음의 새싹을 움트게 하는 봄바람'(193) 등 바람의 이미지도 자주 등장합니다. '순례길을 가는 이들의 손을 잡아 주시고'(189), '염려 많은 인생길의 동행이 되어주시는 분'(191)은 동행자 이미지입니다.

말씀 가운데 임하신 성령

찬송 시인들에게 성령은 불처럼 헛된 것들을 태우고 차가운 것을 따뜻하게 하는 불이요, 메마른 땅에 내리는 단비이고, 어둠 가운데 걷는 이들 앞을 비추는 빛이고, 외로운 이들 곁에 머무시며 돌보아 주시는 분인 셈입니다.

여기에 두 가지를 덧붙인다면 첫째, 성령은 우리 마음을 주님의 마음에 접속시켜 주시는 분이십니다. 그래서 하나님의 마음으로 세상을 보게 하시고, 하나님의 손과 발이 되어 살게 하시는 힘입니다. 둘째, 성령은 모든 분리의 장벽을 무너뜨리고 사람들로 하나가 되게 하시는 힘입니다. 성령에 충만한 사람은 나누고 가르는 사람이 아니라 분리된 것을 모으고 나뉘었던 것을 하나로 연결하는 사람입니다. 이런 성령을 사모하지 않는다면 성도라 말할 수 없을 것입니다.

오순절 마가의 다락방에서 기도하던 제자들은 성령의 충만함을 경험한 후 세상의 어떤 위협 앞에서도 흔들리지 않는 든든한 반석을 마음에 마련했습니다. 죽음의 위협조차 그들을 흔들 수 없었습니다. 앞에서도 보았던 것처럼 성령은 다양한 방법으로 일하십니다.

1738년 5월 24일, 존 웨슬리에게 임한 성령은 '불'과 같이 임했다기보다는 '물'처럼 혹은 은은한 '빛'처럼 스며들었던 것 같습니다. 올더스게이트에서 열린 모라비안 교도들의 집회에서 웨슬리는 어떤 사람이 루터가 쓴 로마서에 관한 글을 낭독하던 중 "의인은 믿음으로 말미암아 살 것이다"(롬 1:17)라는 대목에 이르렀을 때 예수 그리스도의 구원을 이론이 아니라 실감으로, 다시 말해 몸의 감응으로 느꼈습니다. 은총의 경험이 머리에서 가슴으로 스며들자 그의 손과 발이 움직이기 시작했고, 바로 그것이 감리교회 운동이 되었습니다. 성령은 열정적으로 기도할 때만 임하는 것이 아니라, 말씀을 듣는 중에도 임하는 법입니다. 사도행전에 나오는 고넬료도 그런 체험을 했습니다.

유대인 베드로와 로마인 고넬료

고넬료는 로마 군인으로 이탈리아 부대에 속한 백부장이었습니다. 엘리트 군인인 셈입니다. 사도행전은 그를 대단히 호의적으로 소개합니다. 경건했고, 온 가족과 더불어 하나님을 두려워하는 사람이었고, 유대 백성들에게 자선을 많이 베풀었다고 합니다. 점령군의 태도로 사람들을 강압하기보다는 식민지 백성들의 가련한 처지를 헤아리는 사람이었다는 말입니다.

또한, 그는 늘 하나님께 기도하는 사람이었습니다. 타자를 억압하는 데 제힘을 사용하지 않고 늘 다른 사람을 돕는 일에 사용한 점이야말로 그가 기도의 사람임을 증명해 줍니다. 사도행전은 아주 길게 그가 어떻게 주님을 영접했는지 묘사합니다. 그는 환상 가운데서 하나님의 천사를 보았습니다. 천사는 그의 기도가 하나님께 상달되었다는 전갈과 함께 욥바에 머물고 있는 베드로를 데려오라고 말합니다. 베드로가 바닷가에 있는 무두장이 시몬의 집에 묵고 있다는 말까지 덧붙였습니다.

베드로도 정오 기도 중에 하늘이 열리고, 큰 보자기 같은 그릇이 네 귀퉁이가 끈에 매달린 채 땅으로 드리워져 내려오는 환상을 봅니다. 그 안에는 네발짐승들과 땅에 기어 다니는 것들과 공중의 새들이 골고루 들어 있었습니다. 그때 "일어나서 잡아먹어라"(행 10:13) 하는 음성이 하늘에서 들려옵니다. 베드로는 어릴 때부터 지금까지 속되고 부정한 것을 먹은 일이 없다면서 그 명령을 거절합니다. 하지만 두 번째 음성이 들려왔습니다. "하나님께서 깨끗하게 하신 것을 속되다고 하지 말아라"(행 10:15). 같은 일이 세 번 반복되자 베드로는 즉각 하나님의 마음을 알아차립니다. 바로 그때 고넬료가 보낸 사람들이 문밖에 당도했고, 베드로는 비로소 그 환상의 의미가 무엇인지 깨닫습니다.

베드로의 위대함은 자신의 견해나 입장을 수정할 줄 아는 개방성에 있습니다. 스승인 예수께서 거리낌 없이 이방인들과 접촉하는 모습을 보았지만, 그는 당시 유대교 세계의 통념을 거스르지 못하고 있었습니다. 유대인에게 이방인은 부정한 존재였기 때문입니다. 하지만 그는 환상을 통해 자기의 문화적·종교적 편견이 하나님 마음에 부합하지 않다는 사실을 깨닫자 즉시 자기 생각을 내려놓고 하나님의 뜻을 받들었습니다. 그는 영혼이 유연한 사람입니다.

편견은 고래 힘줄보다 질긴 것이어서 벗어 버리기가 쉽지 않습니다. 노자는 부드러운 것은 생명에 가깝고 딱딱한 것은 죽음에 가

갑다고 했습니다. 딱딱한 몸과 마음이야말로 늙음의 징조가 아닙니까? 변화보다는 안정을 바라는 마음 말입니다.

베드로는 고넬료가 보낸 사람들과 가이사랴에 있던 고넬료의 집으로 갑니다. 고넬료는 자기 친척들과 가까운 친구들을 불러 놓고 베드로를 기다리고 있었습니다. 베드로가 오는 것을 본 그는 마중 나가서, 그의 발 앞에 엎드려서 절을 하였습니다. 로마 군대의 엘리트 군인이 갈릴리 호수에서 물고기를 낚으며 살던 어부 출신의 베드로에게 절을 합니다. 상상하기 어려운 장면입니다.

고넬료로 하여금 그런 행동을 하게 한 것은 무엇이었을까요? 목마름. 그렇습니다. 그는 목마른 사람이었습니다. 진리에 대한 목마름 말입니다. 그를 사로잡고 있던 것은 세속적인 성공과 출세가 아니었습니다. 하나님의 뜻을 알고 그 뜻대로 살아가는 것이었습니다. 그는 자기가 입고 있는 권위의 의상이 허상에 지나지 않음을 너무나 잘 아는 사람이었습니다. 그렇기에 엎드릴 수 있었던 것입니다. 자기가 잠시 누리는 사회적 지위를 자기 존재의 무게와 등치하는 못난 이들은 죽었다 깨어나도 알 수 없는 경지입니다.

무너진 장벽

베드로는 고넬료의 말과 태도를 보고 말합니다. "나는 참으로, 하나님께서는 사람을 외모로 가리지 아니하시는 분이시고, 하나님을 두려워하며, 의를 행하는 사람은 그가 어느 민족에 속하여 있든지, 다 받아 주신다는 것을 깨달았습니다"(행 10:34-35). 가르침을 청한 이는 고넬료였지만, 정작 소중한 것을 배운 이는 베드로입니다.

고넬료의 존재가 영혼의 숫돌이 되어 베드로의 마음 깊은 곳에 드리워져 있던 종교적 편견을 갈아 낸 것입니다. 베드로는 고넬료의 겸허한 엎드림을 보고 비로소 자아의 감옥에서 벗어날 수 있었습니다. 베드로는 감동하여 예수 그리스도를 전합니다. 주님께서 이 땅에 계신 동안 하신 모든 일, 즉 병든 자들을 고치시고, 귀신 들린 사람을 온전케 하시고, 소외된 사람의 벗이 되신 일을 다 들려주었습니다.

저는 가끔 그 아름다운 담론의 장을 떠올리며 황홀해합니다. 차분하게 말을 이어가던 베드로도 주님이 사람들에게 배척받고 모욕과 수난을 당하시다가 십자가에 못 박히시던 장면에 이르렀을 때는 감정을 주체하기 어려웠을 것입니다. 하지만 죽임을 당한 지 사흘 후에 일어난 부활 사건을 이야기할 때는 눈빛이 형형하게 빛났을 것입니다.

베드로는 예수님이 바로 세상의 심판자라고 말합니다. 이 말씀의 의미가 무엇입니까? 지금까지 고넬료가 충성을 바쳤던 대상인 로마 황제가 아니라, 나사렛 예수야말로 세상의 주권자라는 말입니다. 참으로 위험한 말입니다. 고넬료가 출세에 뜻을 둔 사람이었다면 이 위험한 말 앞에서 뒷걸음질 쳤을 겁니다. 하지만 그는 그렇게 하지 않았습니다. 그의 가슴에 불이 붙는 것 같았기 때문입니다. 오랫동안 박명薄明의 어둠 속에 있던 그의 영혼에 밝은 빛이 비쳐 들었습니다. 그 자리에 있는 모든 이들에게 성령이 임했던 것입니다.

베드로가 이런 말을 하고 있을 때에, 그 말을 듣는 모든 사람에게 성령이 내리셨다. 할례를 받은 사람들 가운데서 믿게 된 사람으로서 베드로와 함께 온 사람들은, 이방 사람들에게도 성령을 선물로 부어 주신 사실에 놀랐다. 그들은, 이방 사람들이 방언으로 말하는 것과 하나님을 높이 찬양하는 것을 들었기 때문이다(행 10:44-46).

베드로와 동행했던 모든 사람이 놀랐습니다. 왜 놀랐을까요? 하나님이 이방인들도 사랑하신다는 사실을 알지 못했기 때문입니다. 그 놀람은 선민이라는 자부심을 안고 살았고 스스로 잘 믿는 사람으로 자처했지만, 그들의 믿음이 실은 하나님에 대한 오해에 근거한 편협한 믿음이었음을 보여 줍니다. 이방인들도 방언으로 말하고 하나님을 찬양한다는 사실이 그들에게는 놀라운 경험이었습니다.

지금 우리는 어떻습니까? 하나님의 영이 교회 밖에서도 작동하고 있다는 사실을 여전히 모르고 있는 것은 아닙니까? 자아의 감옥에 갇힌 이들이 참 많습니다.

존 웨슬리는 감리교인들은 광신적인 태도는 물론이고 편협한 믿음을 버려야 한다고 말했습니다. 광대하신 하나님의 역사를 교리적 틀에 가두려 하면 안 됩니다. 물론 어긋나지 않기 위해서는 최소한의 울타리가 필요합니다. 그 울타리는 예수 그리스도가 세상의 구원자이고 주님이라는 고백이면 족합니다.

고넬료는 이제 예수님의 주님되심을 확고히 받아들였습니다. 성령께서 하신 일입니다. 베드로는 고넬료와 그 가족들에게 세례를 베풀었습니다.

"이 사람들도 우리와 마찬가지로 성령을 받았으니, 이들에게 물로 세례를 주는 일을 누가 막을 수 있겠습니까?" 그런 다음에, 그는 그들에게 명해서, 예수 그리스도의 이름으로 세례를 받게 하였다 (행 10:47-48).

또 하나의 장벽이 그렇게 무너지고 있었습니다. 하나가 된다는 것은 더욱 커지는 것입니다. 오늘 우리 사회에 드리운 사회적 장벽이 참으로 강고합니다. 흉허물없이 소통하기보다는 편 가르기를 통해 자기 이익을 극대화하려는 이들로 인해 세상이 어지럽습니다.

그래서 우리는 이 땅에 성령의 바람이 불어오기를 기도하지 않을 수 없습니다. 성령이여, 장벽을 무너뜨리는 바람으로, 굳어진 마음을 녹이는 단비로, 속된 욕심을 태우는 불로, 어둠을 밝히는 빛으로, 지친 이들 곁에 머무시는 따뜻한 손길로 오시옵소서.

멀찍이서 구경하는 사람들

지구촌 곳곳에서 악몽 같은 일들이 하루가 멀다고 벌어지고 있습니다. 마음을 가라앉히고 우리 삶이 어떠했는지 자꾸 돌아보아야 할 때입니다. 떼제 찬양 가운데 〈생명의 샘물〉이라는 곡이 있습니다.

생명의 샘물 찾아서 어둔 밤중에 떠나리
오직 목마름 따라 오직 목마름 따라

우리는 지금 무엇에 목마른 사람입니까? 이 곡을 반복하여 부르는 동안 폭력이 지양된 세상의 꿈은 우리의 꿈인 동시에 하나님의 꿈이라는 생각이 깊어졌습니다. 세상이 아무리 어두워도 우리는 생명의 샘물을 찾아가는 사람임을 잊지 말아야 하겠습니다.

'물숨'이라는 단어를 들어보신 적이 있으신지요? 제주 해녀의 삶을 기록한 다큐멘터리 감독 고희영은 해녀들의 금기어인 이 단어의 의미를 알기까지 꼬박 6년이 걸렸다고 말합니다. 해녀들이 물속

166

버릴수록 우리를
자유롭게 하는 것들

에서 숨을 참다 숨이 끊어지기 직전 수면으로 올라와 휘파람처럼 길게 내는 "호이~ 호이~" 소리를 '숨비'라고 합니다. '물숨'은 해녀들이 물속에서 '좋은 물건'을 발견했을 때 내는 마음의 숨인데, 그 숨을 내쉬지 못하고 삼키는 순간 죽음에 이른다고 합니다. 물숨을 피하기 위해 해녀들이 딸에게 주는 교훈이 있습니다. "욕심을 내지 말고 숨만큼만 따. 눈이 욕심이야. 욕심을 잘 다스려야 해."[12] 숨만큼만 따면 되는데, 그러지 못해 위험에 빠집니다. 이게 어쩌면 인간의 우매함인지도 모르겠습니다.

남이 더 좋은 것을 가질세라 서두르다 보면 자기 숨을 잃게 마련입니다. 그래서 우리는 늘 숨을 헐떡이며 삽니다. 이사야는 행복을 바라면서 행복을 피하는 어리석은 삶을 이렇게 표현합니다. "신들을 찾아 나선 여행길이 고되어서 지쳤으면서도, 너는 '헛수고'라고 말하지 않는구나. 오히려 너는 우상들이 너에게 새 힘을 주어서 지치지 않았다고 생각하는구나"(사 57:10). 가끔은 멈추어 서서 자기가 걸어온 길을 돌아봐야 합니다.

아메리카 인디언들은 말을 타고 달리다가도 가끔 멈추어 섰다고 합니다. 자기 영혼이 따라오길 기다리는 것입니다. 정말인지는 모르겠지만 이 말은 노자의 말을 연상시킵니다. "다섯 가지 색이 눈을 멀게 한다伍色令人目盲"는 구절이 나오는 장(12장)에서 그는 "치빙전렵영인심발광馳騁畋獵令人心發狂"이라 말합니다. 말을 몰아 사냥질하는 것이 사람 마음을 미치게 만든다는 뜻입니다.

인간은 자꾸만 멈추어 서서 하나님의 마음에 따라 자기 마음을 조율해야 인간다워집니다. 우리 마음은 뒤틀린 목재처럼 자기 속으로 자꾸만 구부러집니다. 그 마음들이 빚어내는 것이 갈등과 분쟁입니다. 물론 세상의 모든 문제를 개인의 덕성으로만 설명할 수는 없습니다. 착하게 살고 싶어도 그럴 수 없게 만드는 구조적 문제가 심각합니다. 세상에 만연한 악을 외면하면서 늘 자기반성만 하고 살면 안 됩니다. 그러다 보면 악인들에게 이용당하기 쉽습니다. 눈을 똑바로 뜨고 자기 마음도 살피고, 구조적인 악도 살펴야 합니다. 나도 모르는 사이에 공모자가 되기 쉽기 때문입니다.

에돔에 분노하시는 하나님

오바댜는 한 장밖에 되지 않는 짧막한 책이지만 그 속에 담긴 메시지는 절대 가볍지 않습니다. 오바댜는 에돔의 죄와 그에 따른 심판을 예고하는 데 온통 할애되고 있습니다. 에돔은 사해의 동쪽에 있으면서 고대 이스라엘과 국경을 접하고 있었습니다. 국경을 맞댄 나라들이 평화롭게 공존하기란 여간 어려운 일이 아닙니다. 늘 크고 작은 분쟁을 겪을 수밖에 없습니다.

성경은 에돔인들의 조상이 에서라고 말합니다. 에서는 야곱의 쌍둥이 형인데, 둘은 어머니 리브가의 태에서부터 싸웠다고 합니다. 리브가가 괴로워하면서 주님을 찾아가자 주님이 이렇게 말씀하셨습니다.

두 민족이 너의 태 안에 들어 있다. 너의 태 안에서 두 백성이 나뉠 것이다. 한 백성이 다른 백성보다 강할 것이다. 형이 동생을 섬길 것이다(창 25:23).

유대인들은 이 구절을 근거로 에돔을 지배하는 것이 하나님의 섭리라고 주장했습니다. 에돔 사람들은 이것을 유대인들이 만들어 낸 허구의 신화로 여겨 불쾌하게 생각했을 겁니다.

그런데 이 구절을 좀 새롭게 해석할 수는 없을까요? 이스라엘의 에돔 지배가 하나님의 뜻이라고 거듭 주장하기보다는, 두 나라가 비록 갈등 관계에 있기는 하지만, 뿌리로 거슬러 올라가면 한 어머니에게서 나온 형제 국가임을 상기하는 것이지요. 그러면 평화로운 공존도 가능하지 않았을까요? 그러나 현실은 정반대입니다.

고대 국가인 에돔은 요르단 남부에 해당하는 지역입니다. 에돔의 중심지였던 '페트라'는 지금도 수많은 관광객이 찾는 명소입니다. 깎아지른 듯한 붉은색 사암이 좌우로 늘어서 있고, 그 사이로 난 좁은 길을 따라 걷다 보면 그곳이 천혜의 요새임을 누구나 느낄 수 있습니다. 그 길을 2킬로미터쯤 걸으면 좁은 길이 끝나고 넓은 광장이 나오는데, 사람들은 그곳에서 '아!' 하는 짧은 탄성을 발하곤 합니다. 붉은색 바위를 파서 만든 거대한 구조물이 시선을 사로잡기 때문입니다. 신전처럼 보이지만 실은 무덤입니다. 그것을 시작으로 이곳저곳에 흩어진 고대 문명의 찬란한 흔적을 보면 누구나 감탄하지 않을 수 없습니다.

오바댜는 찬란한 문명을 만들었던 그 국가에 닥칠 심판을 예고합니다. 하나님은 에돔을 여러 민족 가운데서 가장 보잘것없이 만들어 모든 민족의 경멸을 받게 하겠다 이르십니다.

> 네가 바위틈에 둥지를 틀고, 높은 곳에 집을 지어 놓고는, '누가 나를 땅바닥으로 끌어내릴 수 있으랴' 하고 마음속으로 말하지만, 너의 교만이 너를 속이고 있다(옵 1:3).

독수리처럼 그의 보금자리를 높은 곳에 마련해도, 별들 사이에 둥지를 튼다 해도 하나님은 에돔을 거기서 끌어내리시겠다고 말씀하십니다. 에돔과 동맹을 맺었던 나라들도 등을 돌리고, 평화조약을 맺었던 나라도 돌변하여 에돔을 정복하게 되리라는 것이었습니다. 하나님은 왜 이렇게 에돔에 화가 나신 것일까요? 그 이유는 바빌로니아가 유다를 침공했을 때 보여 준 에돔의 태도 때문입니다.

불행에 처한 이웃을 대하는 태도

에돔은 오랜 갈등 관계에 있던 유다가 바빌로니아에 의해 속절없이 유린당하는 모습을 지켜보면서 쾌재를 불렀습니다. 이웃에게 닥친 불행을 기뻐하는 것처럼 비인간적인 일이 또 있을까 싶지만, 그게 또한 인간의 현실입니다. 임마누엘 칸트는 "인간이라는 뒤틀린 목재에서 곧은 것이라고는 그 어떤 것도 만들 수 없다"라고 했습니다. 너무 비관적으로 들리지요?

네 아우 야곱에게 저지른 그 폭행 때문에 네가 치욕을 당할 것이며, 아주 망할 것이다. 네가 멀리 서서 구경만 하던 그 날, 이방인이 야곱의 재물을 늑탈하며 외적들이 그의 문들로 들어와서 제비를 뽑아 예루살렘을 나누어 가질 때에, 너도 그들과 한패였다(옵 1:10-11).

에돔은 '멀리 서서' 유다가 멸망하는 모습을 구경했습니다. 그런데 구경만 한 것이 아닙니다. 유다가 회생하기 어려운 지경에 처하자 에돔도 유다 때리기에 나섰습니다. 참으로 비열한 일입니다. 12절부터 14절까지는 에돔이 하지 말았어야 하는 행동이 죽 열거되어 있습니다.

네 형제의 날, 그가 재앙을 받던 날에, 너는 방관하지 않았어야 했다. 유다 자손이 몰락하던 그 날, 너는 그들을 보면서 기뻐하지 않았어야 했다. 그가 고난받던 그 날, 너는 입을 크게 벌리고 웃지 않았어야 했다. 나의 백성이 패망하던 그 날, 너는 내 백성의 성문 안으로 들어가지 않았어야 했다. 나의 백성이 패망하던 그 날, 너만은 그 재앙을 보며 방관하지 않았어야 했다. 나의 백성이 패망하던 그 날, 너는 그 재산에 손을 대지 않았어야 했다. 도망가는 이들을 죽이려고, 갈라지는 길목을 지키고 있지 않았어야 했다. 그가 고난받던 그 날, 너는 살아남은 사람들을 원수의 손에 넘겨주지 않았어야 했다(옵 1:12-14).

'~한 날, 너는 ~하지 않았어야 했다'로 구조화된 지적이 여덟 번 반복됩니다. 겹치는 부분도 있습니다만, 에돔의 죄는 명확합니다. 형제 국가인 유다가 패망하는 날 그들이 하지 말았어야 했던 일은 다음과 같습니다.

첫째, 방관하지 않았어야 했습니다. 둘째, 기뻐하지 않았어야 했습니다. 셋째, 입을 크게 벌리고 웃지 않았어야 했습니다. 넷째, 하나님의 백성의 성문 안으로 들어가지 않았어야 했습니다. 다섯째, 재앙을 보며 방관하지 않았어야 했습니다. 여섯째, 그 재산에 손을 대지 않았어야 했습니다. 일곱째, 도망가는 이들을 죽이려고, 갈라지는 길목을 지키고 있지 않았어야 했습니다. 여덟째, 살아남은 사람들을 원수의 손에 넘겨주지 않았어야 했습니다.

요약하자면 '방관, 조롱, 약탈, 강자에게 동조, 인신매매'가 될 것입니다. 두 번이나 강조하는 죄가 방관입니다. 나 몰라라 하는 것이지요. 방관하는 까닭은 뭘까요? 자기 일이 아니라고 여기는 무책임성과 복잡한 일에 연루되고 싶지 않다는 자기방어 본능 때문일 겁니다. 여리고로 내려가는 길에서 강도 만난 사람을 보면서도 그냥 지

172

나친 제사장과 레위인이야말로 방관자들이었습니다. 그들은 인간의 법정에서는 무죄일지 모르나 하나님의 법정에서는 유죄입니다.

불의를 보고도 방관한 죄

몇 해 전 베를린에서 집회를 인도한 적이 있습니다. 잠시 시간을 내 자동차로 삼십 분 거리에 있는 작센하우젠 수용소에 들렀습니다. 작센하우젠으로 가는 길은 아름다웠습니다. 길가에는 아름드리나무가 터널을 이루고, 강에는 작은 배들이 떠 있어 한가로워 보였습니다. 국도변의 집들은 깨끗했고, 햇살을 뚫고 달리는 자전거 라이더들에게서 건강함을 느낄 수 있었습니다.

1936년, 평화의 제전인 베를린 올림픽이 열려 전 세계 젊은이들이 실력을 겨루고자 집결하던 바로 그때, 나치는 작센하우젠에 정치범과 양심수, 사회 부적응자, 전과자, 동성애자, 여호와의 증인, 집시 등을 가두기 위해 대규모 수용소를 지었습니다. 1938년 이후에는 독일에 살던 유대인이 잡혀 왔고, 전쟁 포로들도 많이 이송됐습니다. 그곳은 점차 살육의 현장으로 변했습니다. 수많은 유대인이 용광로 속에서 한 줌 재로 변했고, 전쟁 포로들은 학살당했습니다.

그 참혹한 현장을 둘러보다가 나치 친위대가 운영하던 감옥에 당도했습니다. 감옥 밖에는 세 개의 나무 기둥이 서 있었는데, 죄수들을 거꾸로 매달고 고문을 가하던 도구였습니다. 감옥 창문은 나무 가리개로 가려져 있어 죄수들은 햇빛조차 누릴 수 없었습니다. 비감한 마음으로 감방을 둘러보았습니다. 방마다 그곳에서 수감생활을 했던 대표적인 인물의 사진이 놓여 있었습니다. 한 방에서 마르틴 니묄러(1892-1984)의 강고한 얼굴과 마주쳤습니다. 독일의 기독교인들이 나치에 부역할 때 나치에 협력하기를 거부하고 바른 믿음을 견지하려고 했던 고백교회의 지도자 가운데 한 분입니다. 그의 형형한 눈빛은 제게 바른 믿음을 지키기 위해 고난을 받을 수 있냐고 묻는 듯했습니다. 그때 그의 시 〈처음 그들이 왔을 때〉가 떠올랐습니다.

그들이 공산주의자를 잡아갔을 때
나는 아무 말도 하지 않았다
나는 공산주의자가 아니었으니까
그들이 사민주의자를 가두었을 때
나는 침묵했다
나는 사민주의자가 아니었으니까
그들이 노동조합원들을 체포했을 때
나는 항의하지 않았다
나는 노동조합원이 아니었으니까
그들이 유대인을 잡아갔을 때
나는 방관했다
나는 유대인이 아니었으니까
그들이 내게 왔을 때

버릴수록 우리를
자유롭게 하는 것들

불의에 침묵한 죄, 항의하지 않은 죄, 방관한 죄가 결국에는 자기에게까지 미치더라는 이야기입니다. 이 시는 방관의 죄가 얼마나 무거운지를 일깨워 줍니다. 지금 억울한 일을 당해 울고 있는 이들을 보고도 함께 아파하지 않고, 그들 편에 서기는커녕 그들의 입을 막으려고 하는 이들이 있습니다. 자기들은 언제나 안전지대에 있다고 믿기 때문일 겁니다.

하지만 그걸 누가 장담할 수 있단 말입니까? 남의 곤고한 처지를 강 건너 불구경하듯 하는 이들은 하나님의 분노를 살 수밖에 없습니다. 에돔의 가장 큰 죄는 방관이었습니다. 20세기의 위대한 신학자 카를 바르트는 나치 치하에서 기독교인들이 어떻게 살아야 하는지를 이렇게 밝혔습니다.

그리스도교 공동체는 너무 조금 일하기보다는 연약한 자들을 위해 세 배는 더 열심히 일해야 한다. 권리와 자유가 위협당하는 곳에서는 편안한 침묵보다는 차라리 불편하더라도 목소리를 높여야 한다.[13]

방관은 방관으로 끝나지 않습니다. 에돔은 유다의 시련을 틈타 자기 이익을 극대화하려고 동분서주했습니다. 약탈을 서슴지 않았고, 심지어는 전란을 피해 달아나는 사람들을 붙잡아 팔아먹기도 했습니다. 죄는 이렇게 인간의 탐욕에 깃들어 자기 몸집을 불립니다. 하나님은 그런 에돔의 파멸을 선언하십니다. 정의가 아니라 탐욕이 사람들의 마음을 지배할 때, 한 사회는 멸망을 앞두고 있다고 말할 수 있습니다.

좋은 물건에 대한 욕심에 이끌려 물숨을 내쉬지 않고 삼키면 죽음에 이를 수밖에 없다고 가르쳤던 제주 해녀들의 가르침이 새삼스럽게 다가오는 나날입니다. 불의한 세상을 보며 편안한 침묵을 선택하는 이들이 늘어날 때 세상은 위험한 곳으로 변합니다. 불편하더라도 목소리를 높일 때 우리도 살고 다른 이들도 삽니다. 분주하게 지내느라 잊고 있었던 것은 없는지 돌아보았으면 좋겠습니다. 사람은 누군가의 이웃이 됨으로써 참사람이 될 수 있습니다. 그 사실 하나만 가슴에 담고 살아도 우리 삶은 맑아질 것입니다. 주님의 도우심으로 이 계절 더욱 깊어지는 나날이 되기를 빕니다.

패거리 문화

당신의 죽음을 제자들에게 예고하신 예수님은 시방 예루살렘으로 가는 길 위에 있습니다. 헤르몬산 아래에 있는 가이사랴 빌립보를 떠나 갈릴리 마을로 내려와, 갈릴리 선교의 전진 기지로 삼고 있던 어느 집에 들어가셨습니다. 고요히 앉아 계시던 예수님이 제자들을 찬찬히 둘러보시며 물으셨습니다. "너희가 길에서 무슨 일로 다투었느냐?"(막 9:33) 아무도 입을 열지 않았습니다. 예루살렘에 올라가서 예수님이 메시아 왕으로 우뚝 설 때 누가 높은 자리에 앉게 될지를 놓고 언쟁을 벌였던 것입니다.

이미 두 번이나 당신의 예루살렘행이 영광을 받기 위함이 아니라 수난을 당하기 위함이라고 말씀하셨지만, 그들은 그 말을 있는 그대로 받아들이지 않습니다. 받아들이고 싶지 않아서 받아들이지 않는 겁니다. 영광에 정조준된 마음은 수난의 현실을 현실로 보지 못합니다. 누가 큰가를 놓고 따지는 제자들은 마치 부모의 장례를 치르기도 전에 재산 다툼을 하는 철부지 형제들과 같습니다.

그렇습니다. 철부지입니다. 그렇기에 주님은 그들을 타이르십니다. "누구든지 첫째가 되고자 하면, 그는 모든 사람의 꼴찌가 되어서 모든 사람을 섬겨야 한다"(막 9:35). 이것은 주님의 핵심적인 가르침입니다. 주님의 삶은 바로 이 말씀의 성육신입니다. 그런데 주님은 왜 이렇게도 중요한 가르침을 대중을 향해 말하지 않고 가까운 제자들에게만 말씀하셨을까요?

세상의 변화는 내면에 뚜렷한 비전을 품은 소수를 통해 일어난다는 점을 주님은 잘 알고 계셨습니다. 토인비는 그들을 가리켜 '창조적 소수creative minority'라고 했습니다. 속에 꿈을 간직한 사람들이 변화를 두려워하는 견고한 현실의 벽을 허물 때 변화는 시작됩니다. 틈을 만드는 사람들, 틈을 만들어 현실에 새로운 숨결을 불어넣는 사람들, 그들은 늘 소수입니다. 주님은 그런 일을 위해 우리를 부르셨습니다.

서열 다툼

예수 정신의 핵심은 모든 사람을 섬기는 것입니다. 누구를 대하든 그를 섬김의 대상으로 본다면, 굴욕감이나 모멸감을 느끼면서가 아니라 사랑 때문에 그럴 수 있다면, 우리 삶은 변화될 것입니다. 우리 주변도 변화될 것입니다. 하지만 사람은 누구나 남보다 앞서기를 바랍니다. 목사들이 젊은이들을 위해 기도할 때도 "머리가 될지언정 꼬리가 되지 말게 해 달라"고 기도합니다. 이런 기도는 '꼬리'로 살

버릴수록 우리를
자유롭게 하는 것들

아가는 사람은 인생의 '실패자'이고 '머리'로 살아가는 사람은 인생의 '성공자'라는 가치 평가가 담겨 있습니다. 하지만 주님은 그런 구분을 하지 않으십니다. 중요한 것은 그가 자기가 있어야 할 자리에 있느냐이고, 자기에게 주어진 몫의 삶을 충실히 살아가느냐입니다.

우리나라 사람처럼 서열을 따지는 나라도 드물 것 같습니다. 사람들이 만나서 제일 먼저 하는 것이 서열을 확인하는 일입니다. 나이, 학번, 직급…. 십수 년 전 백수건달 역할로 인기를 끄는 개그맨이 있었습니다. 그는 자기와 통화하는 상대방이 자기보다 나이가 어리다는 사실을 확인하는 순간부터 말을 놓습니다. 그리고 아주 억지스러운 주장을 하다가 마침내 "대한민국에 안 되는 게 어딨니?" 하며 카메라를 응시합니다. 코미디는 현실의 재현representation은 아니지만 현실의 반영reflection입니다. 그렇기에 사람들은 배꼽을 잡고 웃으면서 가슴 한 켠에 씁쓸함을 느꼈습니다.

우리는 사회 여론 주도층의 행태를 보며 깊은 실망감을 느낍니다. 선거 때가 되면 그들은 국민의 공복公僕을 자처하고 몸을 낮추지만, 일단 원하는 자리에 앉으면 다른 사람이 됩니다. 국민을 깔보는 겁니다. 그들은 말로 행동으로 우리를 모욕하고 있습니다. 저는 그런 공직 사회가 정화되려면 '폭탄주 문화'가 사라져야 한다고 생각합니다. 자리에 참석한 사람의 취향이나 주량과 상관없이 일방적으로 강요하는 폭탄주는 폭력입니다. 사람들 사이를 끈끈하게 하는 촉매가 아니라, 서열을 마음에 각인시키는 도구일 뿐입니다. 그런 술자리에 개인의 존엄은 없습니다. 조직에 대한 충성이 있을 뿐입니다.

이런 패거리 문화에서는 자유로운 생각도, 새로운 삶을 향한 일탈도 허용되지 않습니다. 일사불란이라는 말은 때로는 반문화적 상황을 지칭합니다. 예수님은 정말로 큰 사람은 뭇 사람을 섬기는 사람이라고 말합니다. 섬기면서도 비굴해지지 않고, 모멸감을 느끼기보다는 기쁨을 느끼는 사람, 그가 큰 사람입니다.

사회적 약자

예수님은 어린아이 하나를 데려다가 그들 가운데 세우신 뒤에, 그를 껴안으시고 말씀하셨습니다.

> 누구든지 내 이름으로 이런 어린이들 가운데 하나를 영접하면, 그는 나를 영접하는 것이요, 누구든지 나를 영접하는 사람은, 나를 영접하는 것보다, 나를 보내신 분을 영접하는 것이다(막 9:37).

여기서 어린이는 나이가 어리다는 사실만을 가리키는 것이 아닙니다. 어린이는 당시 상황에서 볼 때 작은 자, 낮은 자, 종으로서 사회 변두리로 밀려난 존재였습니다. 주님은 그런 이들을 마음을 다해 돌보는 것이 당신을 영접하는 행위라고 말씀하십니다. 요한은 예수님의 이 메시지를 선명하게 드러냅니다.

버릴수록 우리를
자유롭게 하는 것들

누가 하나님을 사랑한다고 하면서, 자기 형제자매를 미워하면, 그는 거짓말쟁이입니다. 보이는 자기 형제자매를 사랑하지 않는 사람이 보이지 않는 하나님을 사랑할 수 없습니다(요일 4:20).

지금 미국에는 이민법을 개정하려는 움직임이 있습니다. 1,200만 명에 이르는 밀입국자를 규제하기 위함입니다. 내세우는 명분은 멕시코나 다른 중남미 국가에서 유입되는 밀입국자가 미국의 안보에 위협이 된다는 것입니다. 하지만 문제는 그런 법안이 통과되는 순간 미국 사회의 가장 낮은 곳에서 험하고 더러운 일을 하는 사람들이 범죄자로 내몰린다는 점입니다. 그들이 없다면 미국 경제는 지탱하기 어려울 겁니다. 미국의 의도는 그런 이들을 일단 범법자로 만든 후에 아주 열악한 고용 조건으로 그들을 재고용하겠다는 것입니다. 여기에는 어떠한 도덕적 배려도 없습니다. 그런데 로스앤젤레스 교구의 로저 마호니 추기경이 교구민들에게 시민 불복종 운동을 전개하자고 당부했습니다.

우리는 우리 가운데 있는 낯선 이들이 설 땅을 마련해야 합니다. 우리에게 다가오는 모든 이들에게 영적인 그리고 목회적인 돌봄을 제공할 힘과 용기를 달라고 주님께 기도하십시오.

이 마음이 있어야 그리스도의 벗이 될 수 있습니다. 사회적 약자를 배려하고, 그들의 살 권리를 지키기 위해 땀 흘릴 때 우리는 하나님의 아들딸이라 불리게 될 것입니다.

패거리 의식

본문은 새로운 상황으로 전개됩니다. 서열 논쟁의 한가운데 서 있던 요한이 주님께 새로운 논란거리를 내놓습니다.

> 선생님, 어떤 사람이 선생님의 이름으로 귀신들을 쫓아내는 것을 우리가 보았습니다. 그런데 그 사람은 우리를 따르는 사람이 아니므로, 우리는 그가 그런 일을 하지 못하게 막았습니다(막 9:38).

귀신을 내쫓는 것은 좋은 일입니다. 고대 세계에서는 오늘의 정신의학으로 충분히 치료할 수 있는 일까지도 귀신들림으로 생각했습니다. 지금은 좀 구별할 필요가 있습니다. 이상 증세를 보인다고 해서 덮어놓고 축귀 의식을 거행하다가 오히려 사람을 망가뜨리는 일이 꽤 많습니다. 여하튼 귀신이 들렸다는 것은 전인적 존재로 살아갈 수 없는 상태에 있다는 말입니다. 주님의 사역 가운데 귀신을 내쫓는 일은 아주 중요한 일 가운데 하나였습니다.

금이 가고, 조각난 삶을 회복시켜 통전적 존재로 살게 하는 것은 주님의 일이었고, 또한 우리에게도 위임된 일입니다. 그런데 요한은 말합니다. 어떤 사람이 예수님의 이름으로 귀신을 내쫓고 있는데, 우

버릴수록 우리를
자유롭게 하는 것들

리와 함께 다니는 사람이 아니어서 못하게 했다는 것입니다.

주님은 요한을 가볍게 나무라시며 그의 활동을 금하지 말라고 하십니다. 하나님의 뜻이 이루어지고 조각난 삶이 회복되는 것이 중요하지, 그 일을 누가 하느냐는 중요하지 않다는 것입니다. 예수님께 중요한 것은 '생명의 회복'입니다. 요한과 제자들에게 중요한 것은 그런 행위의 주체가 누구냐입니다.

우리에게도 이런 이상한 특권 의식이 있습니다. 저는 1980년대 중반 이후 급속히 등장한 시민운동이 일종의 하나님 나라 운동이라고 생각합니다. 시민운동가들은 경제 발전과 생산성, 효율성을 최고의 가치로 여기는 정부나 기업이 외면하는 일들을 기꺼이 감당하고 있습니다. 어쩌면 교회가 마땅히 감당해야 할 일을 대신 하고 있다고도 할 수 있습니다. 그렇다면 우리는 그들이 하는 일을 귀히 여기고, 고맙게 여겨야 합니다. 교회에 속한 이들이 아니라고 해서 그들의 실천을 폄하하거나 외면해서는 안 됩니다. 패거리 의식에 사로잡힌 편협한 기독교인들이 그리스도의 이름을 욕되게 합니다.

과거에 기독교는 계몽의 주체였습니다. 하지만 지금은 계몽의 대상으로 전락할 위기에 처해 있습니다. 이제 다시 한 번 그리스도께서 지향했던 삶을 돌아보아야 합니다. 생명의 온전함을 위해 주님은 당신의 목숨을 내놓으셨습니다. 주님께 중요한 것은 당신의 이름이 아니라 하나님의 영광이었고 사람들의 구원이었습니다. 우리에게 속하지 않은 사람이라 해도 그가 하나님이 원하시는 일을 하고 있는 게 분명하면 그를 인정하고, 그에게 배우기를 주저하지 말아야 합니다.

먼저 섬기려는 마음이 있는 곳에, 기꺼이 배우려는 마음이 있는 곳에 평화가 있습니다. 그리스도의 평화를 위해 부름받은 여러분, 주님은 지금 아픔과 눈물이 있는 현장에서 우리를 기다리고 계십니다. 힘겹지만 그 현장으로 발걸음을 옮길 때 우리는 부활하신 주님과 만나게 될 것입니다. 주님의 도우심으로 우리 모두 생명을 살리고 평화를 일구는 그리스도의 선한 일꾼들이 되기를 기원합니다.

버릴수록 우리를
자유롭게 하는 것들

'이쪽' 아니면 '저쪽'

텔레비전 오락 프로그램 가운데 '당연하지'라는 코너가 있었습니다. 두 사람이 마주 서서 차례로 질문을 던집니다. 질문에 대한 답은 무조건 '당연하지'입니다. '당연하지'라고 대답하지 못하면 지는 게임입니다. 그러니까 게임에서 이기려면 상대방에게 매우 곤란한 질문을 던져야 하는 것이지요. 그러다 보니까 상대방의 외모나 성격적 콤플렉스를 꼬집는 경우가 허다합니다. 이를테면 "너 재수 없는 거 알지?" 하는 질문을 받고 "당연하지" 하기란 쉽지 않습니다. 사람들이 왜 이런 가학적인 게임을 즐기는지 정말 염려스럽습니다.

그런데 만일 이 세상에 당연한 것이 없다면, 삶이 참 고달플 겁니다. '당연하지'를 영어로 하면 'Of course'인데, 세상은 이처럼 '코스'대로 가는 게 있어야 마음 편합니다. 문제는 당연해야 할 것이 당연하지 않다는 데 있습니다. 콩 심은 데 콩이 나는 게 당연한데, 사람 사는 세상에서는 팥이 나오기도 합니다. 착하게 살면 세상에서 존중받고 성공할 수 있어야 하는데, 그게 그렇지가 않습니다. 못되게 살아도 잘 사는 이들이 많습니다. 당연함이 무너질 때 우리 삶은 황당해집니다.

해방 이후 많은 친일파가 재빨리 변신에 성공해 자유당 정부의 요직을 차지했고, 그 덕분에 그들의 자식들은 사회 상층부로 진출했습니다. 반면 정말 어렵게 독립운동을 했던 분들은 설 땅을 잃고, 그들의 자식들은 가난을 대물림해 오늘에 이르고 있습니다. 법적 절차에 따라 공정하게 입찰에 뛰어들어도, 은밀하게 뒷거래하는 사람들을 당할 도리가 없습니다. 밤을 새워 열심히 공부해도 장학금은 '훔쳐보기'하는 사람들의 몫입니다. 세상이 이처럼 코스대로 가지 않고 제멋대로 굴러가니까, 일탈을 저지르고도 사람들은 부끄러워하지 않습니다.

꿩 잡는 게 매라고, 수단과 방법을 가리지 않고 목적을 달성하려고 애쓰는 사람들이 성공하는 것처럼 보이는 세상입니다. 그런데 제게는 의문이 있습니다. 그분들이 행복할까요? 행복하다면 그냥 행복하라고 하지요, 뭐. 하지만 그런 행복은 불행의 시작입니다. 일부러 딴지를 거는 게 아니라 엄연한 사실입니다. 양심을 속이며 얻는 성공이나, 부당하게 얻는 이득은 올무가 되어 우리를 사로잡습니다. 사람은 영적인 존재이기 때문이지요.

마음에 떳떳함이 없는 사람은 자유인이 아닙니다. 잘못된 일을 저지르고도 마음에 거리낌이 없는 사람이 있다면, 우리는 그를 어떻게 할 도리가 없으니까 하나님께서 손을 보시겠지요. 당연해야 할 것이 당연하지 않은 세상에 낙심하여, 착한 사람의 길을 포기하려는 이들도 있습니다. 하지만 보상을 기대하며 착하게 사는 사람은 아직 착한 사람이 아닙니다.

정말 착한 사람은 착한 것이 그냥 좋아서 착하게 삽니다. 착하게 사는 것 자체가 기쁨인 것이지요. 히브리 말로 계명을 뜻하는 단어는 '미츠바^{mitzvah}'입니다. 그런데 이 단어는 다양한 의미망을 거느리고 있습니다. 하나님의 명령과 법, 또 그것을 지켜야 하는 인간의 의무, 그 의무를 완수하는 행위, 특히 자비와 사랑의 행위를 함께 지칭합니다. 그러니까 미츠바는 하나님의 뜻에 부합하게 행하는 모든 행위를 뜻한다고 할까요? 히브리인들은 미츠바를 가진 사람이야말로 참사람이라고 생각했습니다. 보상이 없다고 하여, 당장 열매가 눈에 보이지 않는다고 하여 제멋대로 사는 사람은 자기를 잃어버린 사람이고, 병든 사람입니다.

옳고 그름의 잣대

그런데 전도서 기자는 미츠바가 사라진 세상에서 사는 우리에게 "너무 의롭게 살지도 말고, 너무 슬기롭게 살지도 말아라"(전 7:16)라고 말합니다. 지나치게 의인이 되지 말라^{Do not be over-virtuous}. '지나친 의인'은 어떤 사람입니까? 너무하다 싶을 정도로 자기에게 성실한 사람입니다. 그는 옳고 그름이 분명합니다. 그래서 깨끗합니다. 하지만 그에게도 문제가 있습니다. 자기 스스로 부여한 '성실성'이라는 이미지에 갇혀 살기에 늘 긴장합니다.

자기 자신을 꾸짖고 탓하며 살다 보니 다른 이들을 돌아볼 여백이 없습니다. 맑은 물에는 고기가 살 수 없다지요? 그가 하는 말은 사사건건 지당한 말씀이고, 그의 행동은 나무랄 데 없지만, 그는 누군가의 품이 되어 주지는 못합니다. 바리새인들이야말로 '지나친 의인들'입니다. 그들은 옳고 그름이라는 자기 기준을 가지고 사람들을 잽니다. 거기에는 여백이 없습니다.

하지만 예수님은 긍휼과 자비의 자를 가지고 사람들을 대하셨습니다. 주님은 상대의 장점을 잴 때는 마음이 푼푼하시지만, 그들의 허물을 잴 때는 눈이 어두운 듯이 보입니다. 바리새인이나 율법학자들이 보기에는 너무 물렁물렁해 보였을 겁니다. 하지만 예수님이 마련한 그런 헐거운 틈 사이에서 생명이 뿌리를 내리고 든든하게 자랐음을 우리는 잘 압니다. 예수님이 가시는 곳마다 많은 사람이 따라왔던 것은 그런 여백 때문이었을 겁니다.

살다 보면 때로는 경계선 밖으로 걸어 나가야 할 때도 있는 법입니다. 〈사운드 오브 뮤직〉이라는 영화에서 수녀들은 유대인들을 탈출시키려고 나치 군인들에게 선의의 거짓말을 합니다. 수녀들이 거짓말을 했다고 해서 그들의 경건이 깨진 것은 아닐 겁니다. 거짓말을 하지 않기 위해 사람들을 위기에 빠뜨린다면, 그것은 '지나침'의 잘못을 범한 것입니다. 지나치게 의로운 것도 문제이고, 지나치게 악한 것도 문제입니다.

극단을 피하는 길

그러면 지나침과 지나치지 않음의 경계는 무엇일까요? 그것은 하나님 경외입니다. 다소 모호한 듯하지만, 그게 정답입니다. 판단하기 어려운 일을 만날 때마다 마음을 하나님께 집중하고 그분의 뜻을 여쭙는 것이 중요합니다.

> 하나를 붙잡되, 다른 것도 놓치지 않는 것이 좋다. 하나님을 두려워하는 사람은 극단을 피한다(전 7:18).

우리는 '이것 아니면 저것'의 논리에 익숙합니다. 나눔의 논리이지요. 사람을 보아도 네 편 아니면 내 편으로 가릅니다. 국제관계도 그렇습니다. 네가 내 편이면 어떤 나라를 적으로 삼아야 한다고 말합니다. 대개 강대국의 논리가 그렇습니다. 하지만 세상의 모든 것은 쌍을 이루고 있습니다. 기쁨과 슬픔, 희망과 절망, 빛과 어둠, 진보와 보수, 남자와 여자, 선과 악, 미와 추, 삶과 죽음…. 어느 한쪽을 배제한 다른 한쪽은 존재할 수 없습니다.

하나님을 경외하는 사람은 극단을 피하게 마련입니다. 극단은 늘 사람과 세상에 상처를 입히기 때문입니다. 극단에 서게 되면 다른 이를 품을 수 없기 때문입니다. 우리는 깨끗하게 의롭게 살아야 하지만, 그렇지 않은 사람의 살 권리도 인정해야 합니다. 아니, 그의 장점을 찾아보려는 노력이 필요합니다. 나와 다르다고 해서 틀린 것이 아닙니다. 질서와 혼돈이 뒤섞여 있는 게 하나님께서 창조하신 세상의 모습입니다.

밭에 곡식과 가라지가 함께 자라는 것을 보고 종들이 달려와 주인에게 묻습니다. "뽑을까요?" 그러자 주인은 "그냥 놔둬라"라고 합니다. 가라지를 뽑다가 곡식까지 뽑을까 염려하기 때문이다. 이게 하나님의 사랑법입니다. 하나님이 무능해서가 아닙니다. 하나님은 어긋난 길로 나아간 사람들이 제자리로 돌아올 기회를 주시는 분이십니다.

20세기 중국 문학의 거장인 노신의 글 가운데 〈썩은 사과 먹는 법〉이라는 글이 있습니다. 사람들은 썩은 사과를 보면 아낌없이 내던집니다. 하지만 알뜰한 사람은 썩은 부분을 도려내고 성한 부분을 맛있게 먹습니다. 이게 살림의 손길입니다. 사람도 그렇습니다. 다소 내 마음에 들지 않는 부분이 있다 해서 그를 나쁜 사람 혹은 무능한 사람으로 규정하면 안 됩니다. 부족한 부분은 채워 주면 되고, 잘못된 부분은 고쳐 주면 됩니다. 그러면 그도 살고 나도 삽니다. 유대교 지도자들이 죄인으로 규정한 사람들 속에서 주님은 하나님 나라를 보셨습니다. 이게 살림의 눈입니다.

타인을 위한 여백

"호랑이의 줄무늬는 밖에 있고, 인간의 줄무늬는 안에 있다!"라는 라다크인들의 속담이 있습니다. 사람의 아름다움은 외양에 있는

190

것이 아니라, 내면에 있다는 말일 겁니다. 나와 다른 이를 품고 갈만한 여백이 있어야 하나님의 사람이라 할 것입니다.

지리산 깊은 계곡에는 물고기가 살고 있습니다. 못 위로 허구한 날 비치는 소나무 그림자를 보고 제 몸의 무늬마저 그 그림자와 같게 만든 물고기 가사어袈裟魚입니다. 사시장철 낙락한 소나무의 기상을 닮은 그 고기를 삶아 먹으면 병이 없어진답니다. 지금 우리에게는 어떤 무늬가 새겨져 있습니까? 하나님을 믿는다면 우리 속에도 하나님의 모습이 새겨져 있어야 하지 않겠습니까?

하나님의 사람들은 지나침을 피하는 사람입니다. 흑백으로 가르는 데 익숙한 사람이 아니라, 서로 다른 것을 품어 안을 줄 아는 넉넉한 사람입니다. 그런 마음이 있는 곳에서 생명이 살아납니다. 당연한 것이 당연하게 여겨지지 않는 세상을 치유할 힘은 바로 그런 사랑과 믿음에서 나옵니다. 날마다 처리해야 할 일이 힘겹더라도, 누군가를 품으려고 마음을 여는 순간 예기치 않았던 생명의 힘이 우리에게 생겨납니다. 이게 바로 생명을 살리는 하나님의 방법입니다. 이런 멋진 일에 능동적으로 참여하는 우리가 되기를 기원합니다.

권력의 오만

아사 왕은 솔로몬의 증손자입니다. 솔로몬이 세상을 떠난 후 이스라엘은 남쪽의 유다와 북쪽의 이스라엘로 분열되었습니다. 분열의 원인은 르호보암의 강압 정책 때문이었습니다. 솔로몬 시대에 수많은 건축 사업에 동원되었을 뿐만 아니라, 상당한 세금을 물어야 했던 북부의 지파들은 르호보암이 왕이 되자 세금을 경감해 달라고 요구했습니다. 하지만 르호보암은 그들의 요구를 묵살했고, 그것이 북부 지파들을 자극해 여로보암을 중심으로 새로운 나라를 세우게 된 것입니다.

어찌 보면 분단은 억압과 착취에 바탕을 둔 제국의 질서에 항쟁하는 과정에서 생겨났다고 할 수 있습니다. 야훼 하나님을 향한 같은 신앙을 지니고 있는데도, 유다와 이스라엘은 반목했고 전쟁에 휘말릴 때도 많았습니다. 남북으로 분단된 우리나라로서는 이들이 겪은 역사가 남의 일 같지 않습니다.

그 무렵 하나니 선견자가 유다의 아사 왕에게 와서 말하였다. "임금님께서 시리아 왕을 의지하시고, 주 임금님의 하나님을 의지하지 않으셨으므로, 이제 시리아 왕의 군대는 임금님의 손에서 벗어나 버렸습니다. 에티오피아군과 리비아군이 강한 군대가 아니었습니까? 병거도 군마도 헤아릴 수 없이 많지 않았습니까? 그러나 임금님께서 주님을 의지하시니까, 주님께서 그들을 임금님의 손에 붙이지 않으셨습니까?"(대하 16:7-8)

본문은 아사 왕 36년에 이스라엘 왕 바아사가 쳐들어와 라마에 요새를 건축하면서 촉발된 전쟁이 그 배경입니다. 미스바와 예루살렘 중간쯤에 있는 라마는 유다가 외부 세계와 접촉하는 중요한 통로였기에 아사는 어떻게 하든지 라마를 되찾아야 했습니다. 여러 가지 전략을 검토한 끝에 시리아를 전쟁에 끌어들이기로 했습니다. 그래서 많은 금은 기명을 모아 시리아 왕에게 보내면서 동맹을 맺자고 제안했습니다.

시리아의 왕 벤하닷은 아사의 제안을 받아들여 이스라엘과의 동맹을 파기하고 전쟁에 개입했습니다. 그가 군사를 이끌고 헤르몬 산 근처인 이스라엘의 최북단 지역을 치자 바아사는 군대를 철수하지 않을 수 없었습니다. 바아사가 철군하자 아사는 백성들을 불러 모아 바아사가 라마를 건축할 때 쓰던 돌과 목재를 가져오게 하여, 게바와 미스바를 보수하였습니다. 아사의 전략이 절묘하게 맞아떨어진 셈입니다.

권력에 취해 어두워진 귀

왕과 백성들이 승전의 기쁨을 만끽하던 그때 선견자 하나니가
아사 왕 앞에 등장합니다. 그는 왕께서 하나님을 의지하지 않고 시
리아 왕을 의지하였기에 이제는 시리아 세력을 꺾을 수 없게 되었
다고 말합니다. 그러면서 예전에 치른 에티오피아와의 전쟁, 리비아
와의 전쟁을 상기시킵니다. 압도적인 군사력을 앞세워 침공해 온 두
나라를 물리친 것은 유다의 군사력이 아니라 하나님의 도우심이었
다고 말입니다.

> 주님께서는 그 눈으로 온 땅을 두루 살피셔서, 전심전력으로 주님
> 께 매달리는 이들을 힘있게 해 주십니다. 이번 일에, 임금님께서
> 는 어리석게 행동하셨습니다. 이제부터 임금님께서는 전쟁에 휘
> 말리실 것입니다(대하 16:9).

아사는 하나니의 말에 화를 참을 수가 없어서 그를 감옥에 가두
고 말았습니다. 예언자를 통해 들려오는 하나님의 말씀을 들을 귀가
그에게는 없었던 것입니다. 성경은 아사가 그때에 백성들 가운데 얼
마를 학대하였다고 기록하고 있습니다.

버릴수록 우리를
자유롭게 하는 것들

아사는 선견자의 이 말에 화를 참을 수가 없어서, 그를 감옥에 가두어 버렸다. 그만큼 화가 치밀어 올랐던 것이다. 그때에 아사는 백성들 가운데서도 얼마를 학대하였다(대하 16:10).

이때가 아사가 왕이 된 지 36년째 되던 해이니까, 권력의 단맛에 취해 있었던 것으로 보입니다. 권력이 그의 귀를 어둡게 했습니다. '불합리하다, 어리석다'는 뜻의 영어 단어 'absurd'에는 흥미롭게도 '귀머거리'를 뜻하는 'surd'라는 단어가 들어 있습니다. 누가 어리석은 사람입니까? 침묵 속에서 들려오는, 혹은 하나님의 종들을 통해 들려오는 하나님의 뜻에 귀를 기울이지 않는 사람입니다. 그런데 '순종'을 뜻하는 'obedience'에는 '듣다'는 뜻의 'audire'가 들어 있습니다. 하나님의 음성을 들으려고 마음을 모으는 사람은 자기 마음대로 살 수 없습니다. 하나니는 아사가 '어리석게 행동했다'고 책망합니다.

예언자는 마땅히 해야 할 말을 합니다. 그것이 어려움을 가져온다고 해도 마찬가지입니다. 예레미야 선지자는 하나님의 말씀을 전하다가 조롱거리가 된 자신의 신세를 탄식합니다.

내가 입을 열어 말을 할 때마다 '폭력'을 고발하고 '파멸'을 외치니, 주님의 말씀 때문에, 나는 날마다 치욕과 모욕거리가 됩니다. '이제는 주님을 말하지 않겠다. 다시는 주님의 이름으로 외치지 않겠다' 하고 결심하여 보지만, 그때마다, 주님의 말씀이 나의 심장 속에서 불처럼 타올라 뼛속에까지 타들어 가니, 나는 견디다 못해 그만 항복하고 맙니다(렘 20:8-9).

예수님은 "너희가 나 때문에 모욕을 당하고, 박해를 받고, 터무니없는 말로 온갖 비난을 받으면, 복이 있다"(마 5:11)라고 하십니다. 옳은 일을 하다가 박해를 받으면 오히려 기뻐하고 즐거워하라 하십니다. 하늘에서 받을 상이 크기 때문입니다.

아사는 하나님보다 자기 경험과 판단과 외교술에 의지함으로써 어리석은 사람이 되었습니다. 당장에는 전쟁에서 승리를 거둔 것처럼 보여도, 이제부터 끊임없는 전쟁에 시달리게 되었기 때문입니다. 하나님의 뜻을 외면한 채 얻은 승리를 통해 또 다른 전쟁의 그림자가 유다에 드리우게 된 것입니다. 그러나 아사도 처음부터 그런 '귀머거리'는 아니었습니다.

겸손하고 경건했던 한때

성경을 보면 아사가 다스리던 처음 10년 동안은 나라가 조용했습니다. 그때 아사는 하나님 보시기에 좋은 일, 올바른 일을 행했습니다. 이방 제단과 산당을 없애고, 각종 석상과 목상을 깨뜨려 야훼 신앙의 순수성을 회복했습니다. 때로는 이런 행동이 폭력적으로 비치기도 합니다. 하지만 이방 신앙의 특색을 안다면 평가는 달라질 수밖에 없습니다.

종교는 사람들의 물질적 욕구 충족의 수단으로 기능할 때가 많습니다. 종교가 사람들을 더 나은 존재로, 더 자유로운 존재로 만들기보다는, 그들을 옴짝달싹 못 하는 존재로 전락시킨다면 그 종교는 타락한 것입니다. 아사는 그런 신앙을 청산하게 한 것입니다. 그는 백성들에게 하나님의 뜻을 찾고, 하나님의 율법과 명령을 실천하라고 요구했습니다. 하나님의 뜻을 아는 거룩한 백성으로서의 정체성을 잃지 말고 살라는 말입니다. 유다의 역사가는 하나님께서 아사에게 평안을 주셨기에 나라가 조용했다고 전합니다. 전쟁이 없던 평안한 시기에 아사는 유다 지방에 요새 성읍들을 건설함으로써 나라의 안보를 튼튼하게 다졌습니다.

국제 정세의 변동 속에서 유다도 전쟁의 광풍을 피할 수 없었습니다. 에티오피아 사람 세라가 침공했는데, 그 군세가 대단했습니다. 백만 대군에 병거 삼백 대를 이끌고 온 세라에 맞서기 위해 아사는 유다의 남방 경계인 브엘세바 북편 마레사에 군영을 세웠습니다. 하지만 누가 봐도 승산 없는 싸움이었습니다. 이럴 때 할 수 있는 일은 엎드리는 것뿐입니다. 그는 하나님 앞에 간절히 기도했습니다.

주님, 주님께서 돕고자 하실 때에는, 숫자가 많고 적음이나 힘이 세고 약함을 문제 삼지 않으십니다. 우리가 주님을 의지하고, 주님의 이름으로 이 무리를 물리치러 왔으니, 주 우리의 하나님, 우리를 도와주십시오. 주님, 주님은 우리의 하나님이십니다. 인간이 주님을 이기지 못하도록 해 주십시오!(대하 14:11)

절박함이 깊은 믿음을 낳았습니다. 이스라엘 사람들은 전쟁의 승리가 하나님께 속한 것이라고 여겼습니다. 진실한 믿음은 기적을 낳습니다. "인간이 주님을 이기지 못하도록 해 주십시오." 하나님은 자기 힘을 의지하여 평화와 정의를 깨뜨리는 제국의 힘을 헛것으로 여기십니다.

성경에는 야훼의 전쟁 이야기가 많이 나옵니다. 구약이 전하는 하나님은 폭력의 이미지와 밀접하게 연결되어 있습니다. 하지만 그것은 이스라엘 사람들이 자기들의 욕망을 투사한 것에 지나지 않습니다. 하나님은 강자들의 횡포에 시달리는 이들을 돌보시는 사랑의 하나님입니다. "인간이 주님을 이기지 못하도록 해 주십시오." 세상 도처에서 폭력과 전쟁의 소식이 들려옵니다. 하지만 평화와 정의를 세우려는 하나님의 뜻을 이길 힘은 세상 어디에도 없습니다.

아사는 하나님의 도우심으로 에티오피아와의 전쟁에서 승리했고, 그랄 인근의 많은 성읍에서 역겨운 물건들을 없앴습니다. 예루살렘으로 돌아와 성전 현관 앞에 있는 주님의 제단을 보수하기도 했습니다. 또한, 백성들을 불러모아 '조상의 하나님만 찾기로 맹세'하게 했습니다. 그 때문인지 아사 왕 35년까지는 전쟁이 일어나지 않았습니다.

버릴수록 우리를
자유롭게 하는 것들

권력이 해야 할 일

하지만 오랜 평화 시기를 보내며 권력의 단맛에 취하자 아사는 오만한 왕으로 변했습니다. 예언자의 말에 귀를 기울이지 않았고, 자식처럼 돌보던 백성들을 학대하기 시작했습니다. 위기가 사라지자 하나님을 의지하던 사람에서 자기를 신뢰하는 사람으로 변했습니다. 부드러움은 생명에 가깝고 굳어짐은 죽음에 가깝습니다. 쓴소리하는 이들은 사라지고, 아첨꾼들만 곁에 득실거렸을 것입니다. 타락은 귀가 어두워지면서 시작됩니다.

우리는 가끔 정치 지도자들의 탄식을 듣습니다. 자기가 옳은데 국민 수준이 낮아서 자기 뜻을 이해하지 못한다고 혀를 찹니다. 정말 그렇습니까? 국민은 교화되어야 할 무지한 대중입니까? 그렇지 않습니다. '민民'의 뜻이 곧 '하늘'의 뜻이라는 말이 있습니다. 새로운 정부가 출범할 때마다 우리는 겸손한 권력을 원합니다. 다른 이가 한 일 중 잘못한 일이 있다면 고쳐야 하겠지만, 잘한 일은 잘한 것으로 인정할 줄 알아야 합니다. 우리에게 '나를 따르라'라고 하실 분은 주님 한 분뿐입니다.

하늘의 소리, 국민의 소리에 귀를 기울이지 않는 것은 어리석음이라 했습니다. 이 시대에 기독교인으로 살아간다는 것은 무엇일까요? 그른 것은 그르다 하고, 옳은 것은 옳다고 하는 것입니다. 예언자들은 한편으로는 권력의 횡포를 고발했고, 다른 한편으로는 그 아래에서 신음하는 이들을 위로했습니다.

권력이 해야 할 일은 세상을 고르게 만드는 것입니다. 가진 자와 그렇지 못한 자, 많이 배운 사람과 그렇지 못한 사람 사이의 틈을 메움으로써 세상에 평화와 정의를 세워 나가는 것입니다. 권력이 오히려 차별을 만들고, 억울하고 원통한 사람을 많이 양산하는 정책을 택한다면, 하나님의 진노를 불러들일 수밖에 없습니다.

아사는 하나님의 음성에 귀를 막는 순간, 어리석은 왕이 되었습니다. 기독교인들의 책임이 막중합니다. 우리 시대는 감옥에 갇히면서도 하나님의 말씀을 전했던 하나니를 부르고 있습니다. 이 거룩한 부름에 응답하여 우리 시대의 파수꾼들이 되기를 기원합니다.

시기 어린 시선

엘라 골짜기를 아십니까? 베들레헴에서 서남쪽으로 24킬로미터 떨어진 지점에 있는 골짜기로 팔레스타인 해안 지역에서 유다 산지로 올라가는 길목에 있습니다. 블레셋과 이스라엘이 싸울 때 누가 이곳을 차지하느냐에 따라 전쟁의 승패가 판가름 나는 전략적 요충지였습니다. 이 거친 골짜기의 이름이 역사에 길이 남은 까닭은 가드 출신의 거인 장수 골리앗과 소년 다윗의 싸움이 벌어진 곳이기 때문입니다.

이스라엘은 블레셋의 침공을 막기 위해 그 골짜기에 진을 벌이고 있었습니다. 반대편 진영에 모습을 드러낸 골리앗의 장대한 모습은 이스라엘 군인들에게 공포 그 자체였습니다. 골리앗은 이스라엘 진영 앞까지 와서 누구든 용기 있는 자가 나와 자기와 자웅을 겨루자고 외쳤습니다. 그러나 사울과 온 이스라엘 사람들은 그의 말을 듣고, 몹시 놀라 떨기만 했습니다. 똑같은 일이 사십 일 동안 이어졌습니다.

아버지 심부름으로 그곳에 왔던 다윗은 골리앗이 이스라엘과 하나님을 모욕하는 말을 듣고 크게 분노했습니다. 다윗은 사울의 허락을 받아 그와 대결하기 위해 앞으로 나섰습니다. 사울이 준 갑옷과 투구와 칼로 무장을 해 보았지만, 몸에 익숙하지 않아 다 내려놓았습니다. 그 대신 한 손에는 목동의 지팡이를, 다른 손에는 무릿매를 들었습니다. 그리고 시냇가에서 돌 다섯 개를 골라 주머니에 넣었습니다.

결과는 아시는 바와 같습니다. 다윗은 골리앗을 물리쳤습니다. 이 이야기는 다윗의 승리가 전투 능력이나 지략의 승리라기보다는 여호와의 승리임을 넌지시 보여 줍니다. 스가랴서에는 제2 성전을 건축했던 스룹바벨 총독을 두고 하신 하나님의 말씀이 등장합니다.

'힘으로도 되지 않고, 권력으로도 되지 않으며, 오직 나의 영으로만 될 것이다.' 만군의 주님께서 말씀하신다. 큰 산아, 네가 무엇이냐? 스룹바벨 앞에서는 평지일 뿐이다. 그가 머릿돌을 떠서 내올 때에, 사람들은 그 돌을 보고서 '아름답다, 아름답다!' 하고 외칠 것이다(슥 4:6-7).

힘과 권력에 중독된 이들은 자기가 못 할 일이 없다고 생각할지 모르나 세상일은 그렇게 단순하지 않습니다. 그들의 오류는 늘 하나님을 염두에 두지 않는다는 사실입니다. 살다 보면 마치 '큰 산'에 가로막힌 것처럼 답답함을 느낄 때가 많습니다. 하지만 하나님의 뜻에 사로잡힌 이들에게는 '큰 산'이 '평지'가 되는 법입니다. 사울의 갑옷과 투구를 벗고 칼을 내려놓고 지팡이를 든 것은 다윗이 의지하는 것이 무엇인지를 단적으로 보여 줍니다.

하나님의 분노에 사로잡힌 사람을 누가 당할 수 있겠습니까? 골리앗의 죽음으로 전쟁의 승패는 결정 났습니다. 블레셋은 달아났고, 이스라엘은 대승을 거두었습니다. 마침내 다윗은 역사의 무대 전면에 나서게 되었습니다.

> 다윗이 사울과 이야기를 끝냈다. 그 뒤에 요나단은 다윗에게 마음이 끌려, 마치 제 목숨을 아끼듯 다윗을 아끼는 마음이 생겼다. 사울은 그날로 다윗을 자기와 함께 머무르게 하고, 다시 아버지의 집으로 돌아가지 못하게 하였다. 요나단은 제 목숨을 아끼듯이 다윗을 아끼어, 그와 가까운 친구로 지내기로 굳게 언약을 맺고, 자기가 입고 있던 겉옷을 벗어서 다윗에게 주고, 칼과 활과 허리띠까지 모두 다윗에게 주었다(삼상 18:1-4).

사울과 다윗

사울은 다윗을 불러 그 공을 크게 치하했습니다. 유능한 인재를 곁에 두고 싶었기에 자기와 함께 머물 것을 다윗에게 명령했습니다. 그 자리에는 사울의 아들인 요나단이 배석하고 있었는데, 다윗을 보는 순간, 마치 제 목숨을 아끼듯 다윗을 아끼는 마음이 생겼습니다. 이것도 일종의 사로잡힘입니다. 의지적인 선택이 아니라 저절로 그렇게 된 것입니다.

요나단은 다윗과 가까운 친구로 지내기로 굳게 언약을 맺었습니다. 언약의 징표로 자기의 겉옷, 활, 허리띠까지 선물로 주었습니다. 왕자와 목동 출신의 사내가 맺은 언약이 마치 신데렐라 이야기처럼 들릴지 모르겠습니다. 이때가 사울이 왕위에 오른 지 정확히 몇 해째인지는 모르지만, 적어도 한 가지 분명한 것은 요나단이 권력에 물들지 않았다는 사실입니다. 우정은 평등한 두 주체 사이에서만 가능한 법입니다. 다윗과 요나단의 우정이 아름다운 까닭은 서로에 대한 존중과 아낌의 마음이 끝내 변하지 않았기 때문입니다. 이들의 우정 이야기는 다른 기회로 미루고 오늘은 사울에게 관심을 집중하려 합니다.

> 다윗은, 사울이 어떤 임무를 주어서 보내든지, 맡은 일을 잘 해냈다. 그래서 사울은 다윗을 장군으로 임명하였다. 온 백성은 물론 사울의 신하들까지도 그 일을 마땅하게 여겼다(삼상 18:5).

다윗은 사울 왕이 맡기는 임무를 잘 수행했습니다. 그 일이 무엇인지 특정되어 있지는 않지만, 사울이 다윗을 장군으로 삼은 것으로 보아 군대를 지휘하는 일이 중심이었을 것입니다. 잠언의 한 구절이 떠오릅니다. "믿음직한 심부름꾼은 그를 보낸 주인에게는 무더운 추수 때의 시원한 냉수와 같아서, 그 주인의 마음을 시원하게 해 준다"(잠 25:13). 다윗은 사울에게 그런 존재였던 것 같습니다. 벼락출세처럼 보였지만, 백성들은 물론이고 사울의 신하들까지 다윗을 중용하는 것에 이의를 제기하지 않았습니다.

다윗은 참 성실하고 충실한 사람이었습니다. 성실성과 충실성은 우리가 갖추어야 할 미덕입니다. 잠언은 "게으른 사람은 부리는 사람에게, 이에 초 같고, 눈에 연기 같다"(잠 10:26)라고 말합니다. 참 생생한 표현입니다. 세상에는 자기에게 맡겨진 일을 귀히 여기지 않는 사람, 자기를 믿어 준 사람들의 신뢰를 배신하는 사람이 참 많습니다. 적당히 시간이나 때우면서 밥벌이나 하는 사람들 말입니다. 반대로 다윗은 참 믿음직한 사람이었습니다.

그러나 우리가 잊지 말아야 할 것이 하나 있습니다. 세상에는 성실하고 충실해서 문제인 사람도 있는 법입니다. 한나 아렌트는 '관료적 성실함'이 얼마나 위험한지 지적한 바 있습니다. 스스로 선악을 판단하지 않고 윗사람이 시키는 대로만 하는 이들은 매우 위험한 사람들입니다. 그런 일에 익숙해진 사람들은 늘 강자의 편에 서곤합니다. 그들은 다른 이들의 삶을 상상하는 능력을 발휘하지 못합니다. 한나 아렌트는 이것을 일러 '생각 없음' 혹은 '멍청함'이라 말합니다. 세상은 기존 질서에 이의를 제기하지 않고 잘 적응하는 사람을 좋아합니다. 우리는 어릴 때부터 '순종하라'는 말을 많이 듣고 삽니다.

하지만 순종해서는 안 될 때도 있는 법입니다. 하나님의 뜻에 반하는 결정에 대해서는 이의를 제기해야 합니다. 호락호락 넘어가서도 안 됩니다. 까칠한 사람이라는 소리를 듣더라도 잘못된 것은 잘못된 것으로 드러내야 할 때가 있습니다. 세상은 그런 이들에게 조직의 쓴맛을 보여 주어 반항하지 못하게 만들곤 합니다. 한 번 두 번 그런 경험이 축적되면 우리 몸과 마음은 위축되게 마련입니다. 그래서 자기 검열에 돌입합니다. 불의한 일을 보면서도 차츰 입을 굳게 다물고 맙니다. 악이 힘을 발휘하는 것은 바로 이런 방식을 통해서입니다.

시기심이라는 병

이야기가 곁길로 갔습니다. 다시 사울의 이야기로 돌아가겠습니다. 맡겨진 일을 성실하게 수행하는 다윗에게 사람들의 눈길이 쏠렸을 것은 명약관화한 일입니다. 사울은 점점 불안해졌습니다. 다윗이 전쟁에서 승리하고 돌아올 때 성읍 여인들이 소구와 꽹과리를 들고나와서 노래하고 춤추고 환호성을 지르면서 사울을 환영했습니다. 전쟁의 승리는 왕의 승리로 귀속됩니다. 여기까지는 좋았습니다.

그런데 여인들이 춤을 추면서 "사울은 수천 명을 죽이고, 다윗은 수만 명을 죽였다"(삼상 18:7) 하고 노래하자 사울은 몹시 언짢았습니다. 모욕감을 느꼈는지도 모르겠습니다. 백성들의 마음이 다윗에게로 기울고 있다고 지레짐작한 사울은 다윗을 시기하고 의심하기 시작했습니다(삼상 18:9). 개역개정 성경은 이 대목을 "그날 후로 사울이 다윗을 주목하였더라"라고 옮겼습니다. 시기는 눈을 통하여 들어옵니다.

권력은 독점을 지향하기에 누구와도 나눌 수 없는 법입니다. 권력자들은 늘 주변에 있는 이들을 두려워합니다. 헤롯 대왕은 가장 가까운 신하들은 물론이고 아내와 자식들까지 죽였습니다. 로마 황제들도 마찬가지입니다. 권력에 대한 집착이 강해질수록 두려움이 커지고, 그 두려움으로 인해 사람들은 폭력적으로 변합니다. 이성적인 사유가 더는 작동하지 않게 됩니다. 성경은 그러한 시기심에 사로잡힌 그때부터 악한 영이 사울을 내리덮었다고 말합니다. 악한 영은 바로 시기하는 마음을 통해 우리 속에 들어오는가 봅니다.

기독교 역사가 가르치는 일곱 가지 죄의 뿌리가 있습니다. 교만, 인색, 시기, 분노, 음욕, 탐심, 나태가 그것입니다. 사울은 질투 혹은 시기심이라는 병에 걸리고 말았습니다. 잠언에도 "마음이 평안하면 몸에 생기가 도나, 질투를 하면 뼈까지 썩는다"(잠 14:30)라는 말이 있습니다. 예수님은 우리 마음에서 나오는 나쁜 생각을 열거하시는 중에 '악한 시선'도 그중 하나라고 말씀하셨습니다(막 7:22). '악한 시선'이 바로 '시기심'입니다. 남이 잘되는 것을 못 견디는 마음입니다.

심리학에서는 타자를 향한 인간의 복잡미묘한 감정을 표현하기 위해 '샤덴프로이데Schadenfreude'라는 독일어 단어를 사용합니다.

'Schaden'은 '고통'이라는 뜻이고 'Freude'는 '기쁨'이라는 뜻입니다. 두 단어가 합쳐져서 타자의 불행이나 고통을 좋아하는 마음을 뜻하는 단어가 되었습니다.

하나님은 인간이 서로 비스듬히 기댄 채 살아가게 만드셨습니다. 인간의 생명은 서로에게 속해 있습니다. 내가 행복하기 위해서는 내 주변 사람들이 행복해야 합니다. 그러나 타락한 인간은 남의 불행을 보고 기뻐하기도 하고, 남의 불행을 바라기도 합니다. 그 마음이 평안할 리 없습니다. 우리 삶에 안식이 없다면 그 까닭을 곰곰이 살펴볼 필요가 있습니다.

시기심이 파괴적인 까닭은 또 있습니다. 시기의 대상은 먼 데 있는 사람 혹은 나와 무관한 사람이 아니라 가까이에 있는 사람입니다. 나보다 월등히 나은 사람에게는 별로 시기심이 일지 않습니다. 하지만 가까이 있는 이에게는 자기도 모르는 사이에 비교 의식이 작동합니다. 이 마음만 내려놓아도 인생이 편해질 텐데, 우리는 늘 그 굴레에서 벗어나지 못한 채 허둥거립니다. 주변을 지옥으로 만듭니다. 그렇기에 연습이 필요합니다. 가까운 이들이 이룬 성취를 칭찬하고, 격려하고, 함께 기뻐하는 연습 말입니다.

함께 기뻐하는 연습

바울 사도는 교회를 일러 그리스도의 몸이라 했습니다. 교회는 유기체라는 말입니다. 유기체는 서로 연결되어 있습니다. 몸의 일부가 아프면 몸 전체가 괴로움을 겪습니다. 몸의 각 지체는 아프거나 연약해진 지체의 회복을 위해 협력하게 마련입니다. 바울 사도는 교회가 어떻게 형성되는지를 아름답게 표현했습니다.

> 여러분은 사도들과 예언자들이 놓은 기초 위에 세워진 건물이며, 그리스도 예수가 그 모퉁잇돌이 되십니다. 그리스도 안에서 건물 전체가 서로 연결되어서, 주님 안에서 자라서 성전이 됩니다. 그리스도 안에서 여러분도 함께 세워져서 하나님이 성령으로 거하실 처소가 됩니다(엡 2:20-22).

교회는 세상의 모든 생명이 서로 무관하지 않다는 사실을 인식할 때, 그리스도의 마음으로 사람들이 서로를 환대할 때 탄생합니다. 세상은 우리에게서 평화와 안식을 빼앗아갑니다. 경쟁의식을 내면화하고 살아야 하는 세상, 승자 독식 사회에 사는 동안 우리 가슴에는 시퍼런 멍이 들어 있습니다. 그 멍 때문에 우리는 작은 타격에도 비명을 지르곤 합니다. 마음이 평안하고 호흡이 가지런했던 때가 언제인지 기억나십니까? 늘 조마조마합니다. 에덴의 동쪽에 사는 이들의 운명이 이러합니다.

교회는 '다른 삶'이 가능하다는 사실을 일깨우는 곳이어야 합니다. 상처 입은 마음이 치유되고, 하나님의 백성들이 누리는 샬롬을 맛볼 수 있어야 합니다. 누군가의 기쁨을 조금의 유보도 없이 함께 기뻐할 수 있어야 합니다. 바울 사도는 그리스도 안에서 거듭난 이들의 삶을 가르치면서 이렇게 권면합니다.

기뻐하는 사람들과 함께 기뻐하고, 우는 사람들과 함께 우십시오. 서로 한 마음이 되고, 교만한 마음을 품지 말고, 비천한 사람들과 함께 사귀고, 스스로 지혜가 있는 체하지 마십시오(롬 12:15-16).

유기체로서 교회가 건강하게 성장하려면 연약한 이들을 중심에 놓을 수 있어야 합니다. 사랑이 없으면 어려운 일입니다.

세상은 연약한 이들을 마치 존재하지 않는 사람들처럼 취급할 때가 많습니다. 도시는 노약자와 어린이, 사회적 약자가 살기에 참 위험한 곳입니다. 정신없이 질주하는 세상은 그들의 더딘 속도를 못 견뎌 하기 때문입니다. 교회는 그들의 속도에 맞출 줄 알아야 합니다. 교회는 혼자 걷는 열 걸음보다 함께 걷는 한 걸음을 더 소중히 여깁니다. 더디고 답답하더라도 기다려 줄 줄 알아야 합니다.

C.S 루이스는 "일과 연약함은 신들이 우리에게서 빼앗아가지 않은 두 가지 위안"이라고 말했습니다.[14] '위안'이라는 말을 저는 '희망의 단초'라고 바꿔서 읽고 싶습니다. 지금 우리 곁에 있는 연약한 이들을 보듬어 안으려 할 때, 조금이라도 더 나은 세상을 만들기 위해 땀 흘릴 때 우리 속에 있는 시기심이라는 독성이 빠져나가고, 하늘의 희망이 우리 삶에 유입됩니다.

버릴수록 우리를
자유롭게 하는 것들

권력의 단맛에 취했던 사울은 시기심이라는 병에서 벗어나지 못해 파멸로 치달았습니다. 성공이 때로는 시험이 되는 법입니다. 날마다 자기를 내려놓고 또 내려놓아, 이웃들이 마음 편히 다가와 쉴 수 있는 시원한 그늘을 마련하고 살 수 있기를 빕니다.

4부

참된

자유를

향한 여정

익숙한 세계에만 머무는 사람은 하나님 나라를 경험할 수 없습니다.

신앙은 과감히 새로운 세상을 향해 발걸음을 옮기는 모험입니다.

이 땅에 드리운 어두운 그늘을 걷어 내고,

하늘의 빛을 이끌어 들이십시오.

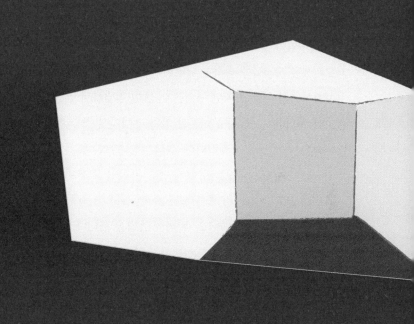

주님 계신 곳

재의 수요일을 앞둔 주일은 '변모주일'입니다. 수난의 시간을 앞두신 예수님이 제자 셋과 함께 산에 올라가서 영광스러운 모습으로 변모하셨던 사건을 기념하는 날입니다. 영광과 수난은 모순된 것으로 여기기 쉽습니다. 하지만 성경은 이 둘이 긴밀하게 연결되어 있음을 보여 줍니다. 그날 제자들은 잘 안다고 여기던 스승 예수의 새로운 모습을 보고 놀랐을 것입니다. 살다 보면 잘 안다고 생각하던 이들의 낯선 모습을 보고 놀랄 때가 있습니다. 늘 교회에서만 이야기를 나누던 분들을 다른 곳에서 만났을 때, 특히 그들이 전문성을 발휘하는 삶의 현장에서 만났을 때 깜짝 놀라곤 합니다. 서 있는 자리가 어디냐에 따라 사람의 모습은 달라 보입니다.

　일이 없을 때는 굳게 선 것처럼 보이던 이들도 곤고한 일을 만나면 속절없이 무너지기도 합니다. 반대로 별로 눈에 띄지 않던 사람인데 어려움 앞에서 흔들리지 않는 의지와 견결한 인품을 보이는 이들도 있습니다. 오랫동안 내면에 축적된 빛과 힘이 밖으로 드러난

216

버릴수록 우리를
자유롭게 하는 것들

것이라 할 수 있습니다. 화가들은 성인들의 모습을 형상화하기 위해 후광後光을 그렸습니다. 후광은 고양된 영혼을 나타낸 것인 동시에 그를 감싸고 있는 초월적인 힘을 가시화한 것이라 할 수 있습니다. 늘 병자들, 귀신들린 사람들, 사회적 약자들 곁에 머무시던 주님의 모습에 익숙했던 제자들은 빛에 둘러싸인 채 모세와 엘리야와 더불어 이야기를 나누시는 주님의 모습을 보고 놀랐습니다. 그때야 그들은 주님이 하나님의 아들임을 알아보았습니다. 이미 수난을 예고하셨던 주님은 곤고하고 괴로운 날을 견뎌야 할 제자들에게 그런 거룩한 모습을 보여 주심으로 영적인 힘을 공급하고 싶으셨던 것 같습니다.

요한계시록 4장과 5장은 미구에 벌어질 우주적 파국 이야기를 전하기 전에 하늘에서 벌어지는 천상 예배 장면을 보여 줍니다. 요한은 보좌에 앉으신 분과 죽임을 당한 어린 양을 보았습니다. 그 주위에 있던 금 면류관을 쓴 장로 스물네 명과 앞뒤에 눈이 가득 달린 네 생명, 그리고 천군 천사들은 보좌에 앉으신 분과 어린 양에게 찬양을 드렸습니다. 하늘과 땅과 땅 아래와 바다에 있는 모든 피조물도 하나님과 그 찬양에 동참했습니다. 우주적 대합창입니다. 그 놀라운 비전을 공유한 이들은 이후에 닥쳐올 시련의 시간을 넉넉히 이겨 낼 수 있습니다. 비전의 사람들에게도 시련은 쓰리지만, 그것이 곧 절망으로 변하지는 않습니다. 주님의 변모 사건은 그런 맥락에서 이해해야 합니다.

빛의 자녀로 삼으신 이유

하나님을 믿는 이들은 빛에 속한 사람들입니다. 그 하늘 예배에 동참하는 사람들이라는 말입니다. 예수님은 제자들에게 "이와 같이, 너희 빛을 사람에게 비추어서, 그들이 너희의 착한 행실을 보고, 하늘에 계신 너희 아버지께 영광을 돌리게 하여라"(마 5:16) 하고 명하셨습니다. 어두운 세상에서 빛으로 살아가는 것이 바로 우리의 사명입니다. 빛으로 살기 위해서는 어둠의 옷을 먼저 벗어야 합니다. 그래서 바울 사도는 성도들에게 권고합니다.

밤이 깊고, 낮이 가까이 왔습니다. 그러므로 우리는 어둠의 행실을 벗어버리고, 빛의 갑옷을 입읍시다(롬 13:12).

여러분이 전에는 어둠이었으나, 지금은 주님 안에서 빛입니다. 빛의 자녀답게 사십시오(엡 5:8).

우리도 그렇습니다. 그리스도를 알기 전에는 우리도 어둠이었습니다. 그러나 이제는 빛의 자녀입니다. 이것은 우리의 정체성에 관한 서술indicative인 동시에 명령imperative입니다. 고린도 교회에 보내는 편지에서 바울 사도는 성도를 가리켜 '그리스도께서 쓰신 편지'라고 말합니다. 발신인이 '그리스도'라면 수신인은 누구일까요? '세상'입니다. 너무 추상적으로 들리나요? 세상에는 '이웃'은 물론이고

'피조물'도 포함됩니다. 우리는 이웃에게 혹은 피조물에게 어떤 사람입니까? 그들은 우리를 기쁨과 설렘으로 맞이합니까? 그렇다면 다행입니다. 세상이 우리를 빚을 갚으라는 독촉장 혹은 경고장처럼 여기는 것은 아닌지요? 세상에는 그 얼굴을 떠올리기만 해도 마음이 밝아지고 맑아지는 사람이 있습니다. 그런가 하면 정반대의 사람도 있습니다. 생각하면 저절로 마음이 어두워지고, 시름이 깊어지는 이들입니다.

주님께서 당신의 피를 잉크 삼아 영으로 쓰신 편지가 바로 우리임을 잊지 마십시오. 편지에 적힌 내용은 무엇일까요? 구원 이야기 혹은 변화 이야기입니다. 어둠의 자식이 빛의 자녀로 바뀐 이야기, 이기적이던 사람이 이타적으로 변한 이야기, 절망의 심연에 갇힌 채 우울하게 살던 사람이 희망을 노래하는 사람으로 변한 이야기, 적개심을 품고 다른 이들을 대하던 이들이 따뜻한 사랑으로 이웃들을 환대하는 사람으로 변한 이야기 말입니다. 교회사는 온통 그런 이야기의 향연입니다. 우리는 흔히 남을 변화시키려고 애씁니다. 그리고 뜻대로 되지 않을 때 속상해합니다. 그러면서도 정작 자신은 변화되려 하지 않습니다. 굳어짐의 표징입니다. 변화되어야 하는 것은 다른 이가 아니라 바로 '나'라는 사실을 명심하십시오.

하나님이 우리를 빛의 자녀로 삼아 주신 까닭은 우리를 새 언약의 일꾼으로 삼기 위해서입니다. 언약의 일꾼들은 땅만 바라보고 살지 않습니다. 그들은 늘 위에 있는 것들을 추구합니다(골 3:1). 성경은 위에 있는 것들을 추구하는 이들을 일러 '새 사람'이라 합니다. "이 새 사람은 자기를 창조하신 분의 형상을 따라 끊임없이 새로워져서, 참 지식에 이르게 됩니다"(골 3:10). 끊임없이 새로워진다는 것은 자기 속에 고착되지 않음을 뜻합니다. 겸손하게 배우려 하고, 자기의 부족함을 안타까워하는 사람이라야 새로운 사람이라 할 수 있습니다. 변화의 목표 혹은 방향은 하나님의 형상이 되는 것입니다. 다시 말해, 우리의 존재 자체가 하나님의 살아계심에 대한 증언이 되도록 살아야 한다는 말입니다. 이게 우리가 품어야 할 영원한 소망입니다.

소망 있는 자의 당당함

바울 사도는 이런 소망을 품고 사는 이들의 당당함을 이렇게 설명합니다. "우리는 이런 소망을 가지고 있으므로, 아주 대담하게 처신합니다"(고후 3:12). 믿음의 사람들은 괜히 남의 눈치나 보며 지레 주눅이 들거나, 어정쩡하게 세상과 타협하지 않고, 복음이 가리키는 방향으로 꾸준히 나아갑니다. 바울 사도는 이런 대담한 삶의 뿌리가 무엇인지를 잘 보여 주고 있습니다.

나는 복음을 부끄러워하지 않습니다(롬 1:16).

하나님이 우리 편이시면, 누가 우리를 대적하겠습니까?(롬 8:31)

이 당당함을 담대한 희망이라고 해도 될 겁니다. 고린도후서 3장 12절에 나오는 '대담하게 처신합니다'라는 구절은 4장 1절의 '낙심하지 않습니다'라는 구절과 대조를 이룹니다. 이러한 당당함은 어디에 근거하는 것일까요? 이것이 그 대답입니다.

우리는 부끄러워서 드러내지 못할 일들을 배격하였습니다. 우리는 간교하게 행하지도 않고, 하나님의 말씀을 왜곡하지도 않습니다. 우리는 진리를 환히 드러냄으로써, 하나님 앞에서 모든 사람의 양심에 우리 자신을 떳떳하게 내세웁니다(고후 4:2).

남에게 숨겨야 할 일이 없을 때 우리는 당당해집니다. 부끄러움이 없을 때 우리는 자유롭습니다. 죄는 올가미가 되어 우리를 부자유하게 만듭니다. 죄를 짓는 순간 온 세상이 들고 일어나 우리를 고발하는 것처럼 느껴집니다. 간교하게 행할 때도 마찬가지입니다. 믿는 이들은 진리를 세상에 드러내는 사람들입니다. 스가랴서에서 하나님은 여호수아 대제사장과 그의 동료들을 향해 "너희는 모두 앞으로 나타날 일의 표가 되는 사람들"(슥 3:8)이라고 부르십니다. 우리가 바라는 세계는 아직 당도하지 않았습니다. 하지만 우리는 그 세계를 앞서 보여 주는 사람들이 되어야 합니다. 우리 삶의 근거는 지금 가시적인 이 세상이 아니라 하나님 나라입니다.

우리는 보이는 것을 바라보는 것이 아니라, 보이지 않는 것을 바라봅니다. 보이는 것은 잠깐이지만, 보이지 않는 것은 영원하기 때문입니다(고후 4:18).

주님의 영이 계신 곳에

바울 사도는 이런 진리를 설명하기 위해 모세의 너울 이야기를 들려줍니다. "모세는, 이스라엘 자손이 자기 얼굴의 광채가 사라져 가는 것을 보지 못하게 하려고 그 얼굴에 너울을 썼지만, 그와 같은 일은 우리는 하지 않습니다"(고후 3:13). 하나님과 만난 후 산에서 내려온 모세의 얼굴은 빛났습니다. 하지만 그 빛은 지속성이 없습니다. 시간이 지나면 흐려지고 사라지게 되어 있습니다. 바울 사도는 모세가 자기 얼굴에서 광채가 사라지는 것을 사람들이 보지 못하게 하려고 얼굴에 너울을 썼다고 말합니다. 너울은 우리로 실상을 보지 못하게 합니다. 이스라엘 사람들은 옛 언약의 책을 읽을 때도 그 너울을 벗지 못했습니다. 그들이 보아야 하는 것은 '빛'이건만, 그들은 너울에 집착하고 있었던 것입니다. 바울은 "지식은 사람을 교만하게 하지만, 사랑은 덕을 세웁니다"(고전 8:1)라고 말했습니다. 율법 조문은 알지만, 그 속에 담긴 정신을 보지 못할 때 사람은 교만에 빠지기 쉽습니다.

너울이 벗겨져야 실상을 볼 수 있습니다. 눈을 덮고 있는 비늘이 벗겨져야 마땅히 보아야 할 것을 볼 수 있는 것과 같은 이치입니다.

선입견, 특권 의식, 자기 의의 너울에 갇히지 말아야 합니다. 아주 오래전 다른 교회에서 잠깐 목회할 때의 기억이 떠오릅니다.

어느 주일 아침, 허름한 옷차림의 젊은 사내 하나가 교회에 왔습니다. 교인들과는 예전부터 잘 아는 사이인지 스스럼없이 이야기를 나눴습니다. 지성적으로 보이지도 않았고 댕돌처럼 단단해 보이지도 않았습니다. 그는 제게 깊은 인상을 주지 못했습니다. 예배가 끝나고 그는 돌아갔습니다. 그런데 교인들이 나누는 이야기가 제 귀에 들려왔습니다. 명문 대학을 나와 공장에 들어가서 노동자들의 벗이 된 어떤 사람의 이야기였습니다. 거칠지 않고, 정말 사람들을 존중하고 사랑하는 사람이라고 했습니다. 듣고 있던 저는 부쩍 궁금증이 생겨서 그를 만나게 해 달라고 했습니다. 그러자 교인들은 아까 왔던 바로 그 사람이라고 했습니다. 다음 주, 그가 다시 교회에 왔을 때 내 눈에 그는 전혀 다른 사람으로 보였습니다. 목회 초창기에 겪은 아주 부끄러운 기억입니다.

이러다가는 지금 이 땅에 가장 작은 자의 모습으로 오시는 주님을 알아보지 못할 수도 있겠다는 생각에 참담해졌습니다. 그때 결심했습니다. 아, 보이는 대로 판단하지 말자. 내 눈에 씌워진 너울을 통해 바라보면 하나님조차 왜곡하게 마련입니다.

그러면 어떻게 해야 그 너울이 벗겨질까요? 바울 사도는 말합니다. "사람이 주님께로 돌아서면, 그 너울은 벗겨집니다"(고후 3:16). 자기중심성에서 벗어나 하나님의 마음에 접속할 때 너울이 벗겨진다는 말입니다. 주님의 영이 계신 곳에 자유가 있습니다. 성도는 주님의 영광을 바라보는 사람들입니다. 우리가 계속해서 바라보는 것이 우리 운명이 됩니다. 우리의 궁극적인 소망은 우리가 주님과 같은 모습으로 변화하는 것입니다. 그리스도의 편지가 되는 것 말입니다.

경칩이 눈앞에 다가왔습니다. 자아의 동굴 속에 유폐되었던 우리가 하나님의 숨결을 받고 깨어나 새 생명의 노래를 부를 수 있으면 좋겠습니다. 분단의 질곡 속에 있는 이 나라가 참 가엾습니다. 하나님의 각별하신 도움과 보호를 간구하지 않을 수 없습니다. 새롭게 열린 봄, 눈물을 흘리면서라도 생명의 씨, 평화의 씨를 뿌리는 우리가 되기를 기원합니다.

낡은 삶의
옷을 벗고

얼마 전에는 기쁜 소식이 전해졌습니다. 파인텍 노사 협상이 타결되었다는 소식이었습니다. 426일 동안 75미터 높이의 굴뚝에 머물던 이들이 내려올 수 있게 되었습니다. 약자들의 소리를 사람들이 모른 척하지 않은 결과입니다. 야고보는 "하나님 아버지께서 보시기에 깨끗하고 흠이 없는 경건은, 고난을 겪고 있는 고아들과 과부들을 돌보아 주며, 자기를 지켜서 세속에 물들지 않게 하는 것"(약 1:27)이라고 말했습니다. 그러니까 신앙생활의 목표는 둘입니다. 사회적 약자들을 돌보아 주는 것과 이 시대의 풍조를 따르지 않는 것이 그것입니다.

그렇게 살려면 우리 삶을 자꾸만 말씀의 빛 앞에 세워야 합니다. 신앙이 습관이 되지 않으려면 순간순간 하나님의 마음과 접속하려는 간절함이 있어야 합니다. 사람들은 철학의 출발은 '놀람'이라고 말합니다. '당연'의 세계는 우리로 의문을 품게 하지 않습니다. 당연의 세계는 그저 그곳에 있을 뿐입니다. 부모가 자식을 사랑하는 것도 당연하고, 겨울 한복판에 봄이 들어서는 것도 당연합니다. 당연의 세계에는 놀람도 감사도 없습니다.

하지만 사람은 가끔 당연의 세계가 전혀 당연하지 않다는 사실에 화들짝 놀라기도 합니다. 놀람은 전혀 낯선 것과 만날 때도 일어나지만, 매우 익숙하던 것들을 통해서도 발생합니다. 구상 선생은 〈말씀의 實相〉이라는 시에서 영혼의 눈에 끼었던 무명의 백태가 벗겨지자 세상이 온통 신비라고 노래했습니다.

노상 무심히 보아 오던
손가락이 열 개인 것도
異蹟에나 접하듯
새삼 놀라웁고
창밖 울타리 한구석
새로 피는 개나리꽃도
復活의 示範을 보듯
사뭇 황홀합니다.

이 마음을 얻을 수 있다면 우리는 욕망의 애옥살이에서 어느 정도 자유롭게 될 것입니다.

버릴수록 우리를
자유롭게 하는 것들

비난 섞인 질문

질문은 가끔 새로운 인식의 통로가 되기도 합니다. 어느 날 세례
자 요한의 제자들이 예수님을 찾아와 묻습니다.

우리와 바리새파 사람은 자주 금식을 하는데, 왜 선생님의 제자들
은 금식을 하지 않습니까?(마 9:14)

순수한 질문이라기보다는 비난이 섞인 질문입니다. 금식하지
않는 예수의 제자단은 경건한 사람들이 아니라는 생각이 담겨 있으
니 말입니다. 사람들에게는 저마다 다른 이를 평가하는 나름의 잣대
가 있습니다. 문제는 자기 나름의 잣대를 절대화하는 것입니다. 그
잣대가 사람마다 다를 수도 있다는 사실을 인정하려 하지 않을 때
우리는 갈등에 빠집니다. 유대인들에게는 기도, 자선과 더불어 금식
이 경건을 재는 아주 중요한 척도였습니다. 금식이란 음식을 먹고
자 하는 본능을 차단함으로써 인간의 동물적 욕구를 제어하려는 행
위입니다. 그런데 예수를 따르는 이들은 금식의 의무를 소홀히 하는
듯 보였습니다.

금식은 경건 훈련에 매우 중요합니다. 물론 요한의 제자들이 단
순히 경건 훈련을 위해 금식했던 것은 아닙니다. 그들은 종말론적
심판이 임박했다고 믿었습니다. 금식은 그날에 대한 준비였던 셈입
니다. 그러나 금식이라는 척도 자체를 절대시하고, 그 척도를 가지고

다른 이들을 함부로 재단하는 것은 문제입니다. 금식은 열심히 하지만 자기 욕심에서 벗어나지 못하는 이들도 많고, 기도를 열심히 하지만 오만한 사람도 있고, 자선을 베풀지만 늘 자기만족에 빠져 사는 이들도 있습니다. 이사야는 다투고 싸우면서 금식을 하는 행태, 주먹질이나 하려고 하는 금식을 신랄하게 비판했습니다. 그러면서 하나님이 기뻐하는 금식이 무엇인지를 가르칩니다.

> 내가 기뻐하는 금식은, 부당한 결박을 풀어 주는 것, 멍에의 줄을 끌러 주는 것, 압제받는 사람을 놓아주는 것, 모든 멍에를 꺾어 버리는 것, 바로 이런 것들이 아니냐?(사 58:6)

이게 본*입니다. 밥을 굶는 것은 말*입니다. 말*을 붙드느라 본*을 버리는 것은 어리석음일 따름입니다. 예수님은 혼인 잔치에 온 손님들은 신랑이 자기들과 함께 있을 때는 슬퍼하지 않는다고 말합니다.

> 혼인 잔치의 손님들이 신랑이 자기들과 함께 있는 동안에 슬퍼할 수 있느냐?(마 9:15)

주님은 다가오는 하나님 나라의 기쁨에 사로잡혀 있습니다. 주님이 계신 곳에서 사람들은 생명의 회복을 경험했고, 화해와 일치를

버릴수록 우리를
자유롭게 하는 것들

경험했고, 생을 함께 경축하는 잔치를 벌였습니다. 기쁨과 생동감, 그것이 예수 운동의 특색이었습니다. 주님을 믿는다고 하면서도 기뻐할 줄 모르는 이들이 참 많습니다. 비관주의와 우울함이 우리 삶을 엄습하고 있습니다. 삶의 긴장이 나날이 높아지고, 긴장을 풀기 위해 사람들은 더 큰 자극을 원합니다. 큰 자극에 길든 이들은 또 다른 자극을 찾습니다. 덤덤하고 담담한 일상이 하나님의 선물이라는 사실을 잊고 사는 이들이 많습니다. 신랑이신 예수님을 마음에 모신 이들은 홀로 만족하는 사람이 아니라 함께 기뻐하는 사람이 되어야 합니다.

그러나 어두운 세상은 주님과 그를 따르는 이들의 멋진 삶을 그냥 내버려 두지 않습니다. 왜 그럴까요? 그들은 쉽게 조종되지 않기에 불편한 사람들입니다. 유혹에도 잘 안 넘어가고, 문명의 본질을 꿰뚫어 보기에 시대의 풍조에 부화뇌동하지 않습니다.

다른 세상을 상상하게 하는 위험인물

나희덕 시인의 〈파일명 서정시〉는 제게 큰 각성을 주었습니다. 〈파일명 서정시〉라는 제목은 구동독 정보국이 시인 라이너 쿤체에 대해 수집한 자료집 이름입니다. 동독 정보국은 왜 시인을 감시했던 것일까요? 나희덕은 그 파일 속에 시인의 이런 일상이 기록되었을 거라고 말합니다.

화단에 심은 알뿌리가 무엇인지
다른 나라에서 온 편지가 몇 통인지
숲에서 지빠귀와 어떤 대화를 나누었는지
옷자락에 잠든 나방 한 마리를 어떻게 바라보았는지
하루에 물을 몇 통이나 길었는지
재스민차를 누구와 마셨는지
도서관에서 어떤 책을 대출받았는지
강의 시간에 학생들과 어떤 말을 주고받았는지
저물 무렵 오솔길을 걷다가 왜 걸음을 멈추었는지
국경을 넘으며 어떤 표정을 지었는지

나희덕은 시인의 이런 일상이 대체 왜 불온한 것인지를 묻다가
놀라운 결론에 도달합니다.

그들이 두려워한 것은
그가 사람의 마음을 열 수 있는 말을 가졌다는 것
마음의 뿌리를 돌보며 살았다는 것
자물쇠 고치는 노역에도
시 쓰는 일을 멈추지 않았다는 것

어쩌면 세상에서 가장 위험한 일은 사람의 마음을 열 수 있는

버릴수록 우리를
자유롭게 하는 것들

말을 가지는 것인지도 모릅니다. 마음의 뿌리를 자꾸 돌보는 사람, 그래서 일상 속에 깃든 신적 광휘를 보아 내는 사람이야말로 독재자들에게는 위험한 사람들입니다. 이런 측면에서 본다면 예수님은 위험한 분이 맞습니다. 로마가 그를 십자가에 처형한 것은 어쩌면 정치적으로 타당한 결정이었는지도 모르겠습니다. 다른 삶 혹은 다른 세상을 상상하게 만드는 것처럼 위험한 일이 어디에 있겠습니까?

예수님은 과거를 답습하지 않았습니다. 늘 과거의 전통 속에 담긴 속뜻을 헤아리려고 노력했습니다. 법고창신法古刱新이라는 말을 들어 보셨습니까? 논어에 나오는 온고지신溫故知新과 거의 같은 의미입니다. 옛것을 본받으면서도 변화할 줄 알고 새것을 만들면서도 법도에 맞게 해야 한다는 뜻입니다苟能法古而知變 刱新而能典. 예수님이 바로 그런 분이셨습니다. 주님은 옛 율법을 받아들이면서도 그것을 새롭게 해석하셨습니다. 산상수훈에 등장하는 내용을 떠올려 보십시오.

옛사람들에게 말하기를 '살인하지 말아라. 누구든지 살인하는 사람은 재판을 받아야 할 것이다' 한 것을 너희는 들었다. 그러나 나는 너희에게 말한다. 자기 형제나 자매에게 성내는 사람은, 누구나 심판을 받는다(마 5:21-22).

'간음하지 말아라' 하고 말한 것을, 너희는 들었다. 그러나 나는 너희에게 말한다. 여자를 보고 음욕을 품는 사람은 이미 마음으로 그 여자를 범하였다(마 5:27-28).

"~한 것을 너희는 들었다. 그러나 나는 너희에게 말한다"라는 구문은 이혼과 맹세, 보복과 원수에 대한 태도에서도 동일하게 등장합니다. 주님은 옛 교훈을 버리지 않되 그것을 문자적으로 이해하기보다는 시대 상황에 맞게 재해석하셨습니다. 법고창신을 그대로 실천하신 것입니다.

예수님은 또한 종교적인 언어를 일상의 언어로 번역하셨습니다. 예수의 하나님 나라 비유는 매우 심오한 진리를 담고 있습니다. 그렇지만 그 비유 어디에도 종교적인 용어나 교리적인 언어가 등장하지 않습니다. 주님은 일상생활의 단면을 보여 주거나, 그들이 늘 사용하는 언어를 사용하십니다. 밭을 갈러 나간 농부, 씨를 뿌리는 사람, 밭에서 밀과 함께 자라는 가라지 때문에 속상해하는 하인, 그물을 끌어 올리고 고기를 골라내는 어부, 밀가루 반죽을 하는 여인, 드라크마를 찾으려고 온 집 안을 쓰는 여인, 잃어버린 양 한 마리를 찾아 나서는 목자. 그 어디에도 사람들을 가르는 거룩의 언어가 사용되지 않았습니다. 종교성은 삶으로 재해석되지 않으면 안 됩니다.

그러나 지금 우리는 종교적인 언어에 중독되어 살아갑니다. 죄, 용서, 중생, 칭의, 화해, 구원, 영생, 종말, 심판, 천국, 재림에 대한 이해의 차이 때문에 사람들이 갈라서고, 서로를 정죄하기도 합니다. 지금 우리에게 필요한 것은 그런 교리적이고 종교적인 언어를 버리는 것이 아니라, 그것을 우리의 맥락에 맞게 새롭게 해석하고, 그것을 가장 일상적인 언어로 재맥락화하는 것입니다. 가장 거룩한 언어를 쓰는 사람들의 삶이 지독히도 세속적이고, 신령의 탈을 쓰고 사는 이들이 제 욕망의 노예가 되어 사는 경우가 많습니다. 삶으로 번역되지 않는 종교적 언어는 다른 이들을 배제하거나 심판하는 독단이 되기 쉽습니다.

디트리히 본회퍼 목사는 비종교적 언어로 기독교의 진리를 표현할 수 있는지를 탐구했습니다. 그래서 그 유명한 명제를 내놓았습니다. '신 없이 신 앞에Vor Gott ohne Gott'. 이상한 말이지요? '신 없이'란 신이 없다거나 죽었다는 말이 아닙니다. '신'이라는 낡아빠진 기표에서 벗어나자는 말입니다. 인간이 만든 신에 대한 표상에서 벗어날 때 사람은 벌거벗은 존재로 실체이신 하나님 앞에 설 수 있습니다. 하나님이라는 말을 군이 동원하지 않더라도 마치 하나님 앞에 선 듯 살아가야 합니다. 예수님은 늘 한적한 곳을 찾아가 하나님 앞에 엎드리셨고, 중요한 결정을 앞둘 때는 밤이 새도록 기도하셨습니다. 그러나 주님은 사사건건 하나님의 뜻을 빙자하여 일하지 않으셨습니다. 하나님의 마음과 접속된 분으로 사셨을 뿐입니다.

낡은 옷과 낡은 가죽 부대

예수님은 "생베 조각을 낡은 옷에다 대고 깁는 사람은 없다"고 말씀하십니다. "그렇게 하면, 새로 댄 조각이 그 옷을 당겨서, 더욱 더 크게 찢어진다"(마 9:16)는 것입니다. 시절이 변했는데도, 옛 법도나 관습만 지키려는 태도는 고루할 뿐입니다. 물론 새것이 다 좋다는 말은 아닙니다. 기독교는 이제 우리 시대의 문제에 답을 내놓아야 합니다. 지난 시절에는 민주주의를 정초하는 일이 중요했다면, 이제는 돈이 주인이 되어 버린 세상에서 어떻게 중심을 잃지 않고 살아야 할지를 사람들에게 가르쳐야 합니다. "새 포도주를 낡은 가죽 부대에 담는 사람은 없다. 그렇게 하면, 가죽 부대가 터져서, 포도주는 쏟아지고, 가죽 부대는 못 쓰게 된다"(마 9:17)도 같은 맥락의 가르침입니다.

생베 조각이나 새 포도주는 복음의 새로움 혹은 예수 안에서 구현된 복음을 상징합니다. 도래하는 하나님 나라의 기쁨 속에서 살아가는 이들은 율법 규정 613개의 속박 속에 갇혀 있을 수 없습니다. 예수님은 유대인의 정결 의식이 부정한 자로 규정한 사람들과 기꺼이 접촉하셨습니다. 그리고 율법이 세워 놓은 장벽 너머의 사람들과 즐겁게 만났고, 그들에게 복음을 전하셨습니다.

바리새파를 비롯한 유대인들은 그런 예수의 모습을 '불경건'으로 낙인찍었습니다. 자기들이 금과옥조처럼 붙들고 있는 행동 준칙을 과감히 위반하셨기 때문입니다. 하지만 예수님은 그런 굴레에 갇혀 계실 수 없었습니다. 병자들을 고치고, 귀신을 내쫓고, 소외된 이들의 벗이 되는 일에 주저함이 없었습니다. 새 포도주는 새 부대에 담겨야 합니다(마 9:17). 그렇지 않으면 둘이 서로 버성기다가 결국

234

부대가 찢어지고 말 것입니다.

지금도 예수를 교리의 틀에 가두려는 이들이 있습니다. 사소한 차이 때문에 죽일 듯이 싸우기도 합니다. 초기 신학자들은 예수님이 하나님과 본질상 같은 분인지 본질이 유사한 분인지를 두고 치열하게 싸웠습니다. 동일 본질을 나타내는 단어는 '오모오우시아 *homoousia*'이고 유사 본질은 '오모이오우시아*homoiousia*'입니다. 헬라어 '이오타' 곧 'i' 자 하나 때문에 사람들은 불구대천의 원수가 되기도 했습니다.

이런 차이를 넘어설 용기가 필요합니다. 서로의 상처를 헤집기보다는 서로의 슬픔을 부둥켜안으려 할 때, 싸늘한 비판의 눈길보다 연민의 시선으로 바라볼 때, 불안이 아니라 하나님 나라로부터 오는 기쁨에 사로잡혀 살 때 새로운 질서가 우리 가운데 수립되는 모습을 볼 수 있을 겁니다.

기독교인으로 살아간다는 것은 그런 새로운 삶의 분위기를 만들어 내는 것입니다. 이 세대를 본받는 낡은 삶의 옷을 벗고 그리스도로 옷 입은 새로운 사람이 되십시오. 주님은 우리와 더불어 세상에 생명과 평화의 나무를 가꾸고 싶어 하십니다. 이러한 부름에 응답하여 일상 속에서 하나님 나라를 살아가는 우리가 되기를 기원합니다.

익숙한 세계를 떠나

명절을 앞두고 많은 이들이 고향을 찾아갑니다. 세상에서 경쟁하며 사느라 예민해진 마음이 고향에서 느긋하고 부드럽게 바뀔 수 있으면 좋겠습니다. 자칫 잘못하면 마음 깊은 곳에 숨어 있던 해묵은 상처를 건드려 명절이 더 큰 아픔의 시간이 될 수도 있기에 하는 말입니다. 철학자 하이데거는 우리 시대를 가리켜 '고향 상실의 시대'라고 했습니다. 기술 문명이 발달해서 생활은 편리해졌지만, 땅과 자연과의 접속은 줄었습니다. 경쟁이 내면화되면서 불안, 공허, 권태가 우리 삶 곁을 어슬렁거립니다. 연세 드신 분들은 1966년에 나온 오기택의 노래 〈고향무정〉을 기억하실 겁니다. 매력적인 저음으로 그는 고향 잃은 자의 쓸쓸함을 노래했습니다.

구름도 울고 넘는 울고 넘는 저 산 아래
그 옛날 내가 살던 고향이 있었건만
지금은 어느 누가 살고 있는지

236

지금은 어느 누가 살고 있는지
산골짝엔 물이 마르고
기름진 문전옥답 잡초에 묻혀 있네

시인 백석의 대표 시라 할 수 있는 〈남신의주 유동 박시봉방〉도
고향을 떠나 살 수밖에 없는 이의 곤고함을 노래합니다.

어느 사이에 나는 아내도 없고, 또,
아내와 같이 살던 집도 없어지고,
그리고 살뜰한 부모며 동생들과도 멀리 떨어져서,
그 어느 바람 세인 쓸쓸한 거리 끝에 헤매이었다.

난민이 되어 세상을 떠도는 사람들, 노숙자로 내몰린 사람들의
심정이 이럴 겁니다. 어디에서도 환대받지 못한다는 사실처럼 쓸쓸
한 게 또 있을까요? 어디에도 소속되어 있지 않은 이들은 뿌리 뽑힌
나무와 유사합니다. 위태로운 생명이라는 말입니다. 언제라도 찾아
가 지친 어깨를 잠시 기댄 채 쉴 수 있는 장소 혹은 사람이 있다면
세상은 여전히 살 만할 겁니다.

지역으로서의 고향은 저기 어딘가에 있지만, 정말 지친 마음을
내려놓을 수 있는 마음의 고향은 점점 멀어져 가는 게 우리 현실입
니다. 고향 이야기를 하다 보니 주님의 쓸쓸한 음성이 들려오는 듯

합니다. "여우도 굴이 있고, 하늘을 나는 새도 보금자리가 있으나, 인자는 머리 둘 곳이 없다"(눅 9:58). 주님의 고향은 갈릴리 나사렛입니다. 그래서 사람들은 예수님을 가리켜 나사렛 사람이라 했습니다. 그러나 그곳은 넘어지고 자빠져도 풀과 흙이 안아 주는 따뜻한 장소가 아니었습니다.

은혜의 해

공생애를 시작한 지 얼마 안 되어 주님은 고향을 방문했습니다. 안식일이 되자 회당에 들어가서서 예배를 드렸습니다. 통상적으로 회당 예배는 하나님의 복을 구하는 기도와 신앙고백문을 암송한 후에 율법이나 예언서 가운데 한 구절을 낭독하고 짧은 설교가 이어집니다. 그날 예수님은 성경 말씀 낭독을 부탁받으셨습니다. 그래서 이사야서 두루마리에서 다음 구절을 찾아 낭독하셨습니다.

주님의 영이 내게 내리셨다. 주님께서 내게 기름을 부으셔서, 가난한 사람에게 기쁜 소식을 전하게 하셨다. 주님께서 나를 보내셔서, 포로 된 사람들에게 해방을 선포하고, 눈먼 사람들에게 눈 뜸을 선포하고, 억눌린 사람들을 풀어 주고, 주님의 은혜의 해를 선포하게 하셨다(눅 4:18-19).

사람들은 흔히 이것을 예수의 나사렛 선언 혹은 사명 선언이라고 말합니다. 당시 나사렛 사람들은 고루 가난했습니다. 변변찮은 농사를 지어도 성전세, 십일조, 첫 열매 제물 등의 '종교세'를 내고, 소금세, 판매세 등의 '간접세'를 내고, 통행세를 포함한 '관세'를 내고, 각종 수수료를 내고 나면 남는 게 별로 없었습니다. 뼈 빠지게 일해도 손에 쥘 수 있는 것은 부스러기뿐이었습니다. 그런 상황이었기에 예수님이 읽으신 이사야의 말씀은 회당에 모인 사람들의 가슴에 한 줄기 시원한 샘물처럼 흘러갔을 겁니다. 그들은 그야말로 '가·포·눈·눌(가난한 자, 포로 된 자, 눈먼 자, 눌린 자)'에 속한 사람들이었습니다.

주님의 사명은 은혜의 해를 선포하는 것이었습니다. 은혜의 해는 희년입니다. 희년은 안식년이 일곱 번 지난 후에 맞이하는 대속죄일부터 시작되는 '거룩한 해'입니다. 일곱째 달 열흘날 뿔 나팔 소리가 길게 울려 퍼지면서 시작되는 희년에는 빚 때문에 남에게 넘어갔던 땅이 원주민에게 돌아오고, 종으로 팔렸던 사람들이 신분이 회복되어 가족들에게 돌아가고, 빚은 탕감되었습니다. 땅도, 종도, 짐승도 다 쉬는 해였습니다. 가난한 사람들의 견지에서는 희년의 도래가 곧 복음이었습니다.

나사렛 회당의 사람들은 기대하는 마음으로 예수님을 바라보았습니다. 그때 주님은 "이 성경 말씀이 너희가 듣는 가운데서 오늘 이루어졌다"(눅 4:21) 하고 선언하셨습니다. 희년은 먼 미래의 어느 날 다가오는 것이 아니라, 바로 오늘 시작되어야 한다는 것이었습니다. 고향 사람들의 반응은 뜨거웠습니다. 사람들은 감탄했고, 예수의 입에서 나오는 은혜로운 말씀에 놀랐습니다. "이 사람은 요셉의 아들이 아닌가?"(눅 4:22) 여기까지는 모든 게 호의적이었습니다. 이사야서의 말씀, 그리고 덧붙여진 예수의 말씀이 그들의 가려운 데를 긁어 주었기 때문입니다.

그러나 나사렛 사람들은 예수님이야말로 희년의 구현이라는 사실을 알았을까요? 주님은 가난한 이들에게 하나님 나라의 복음을 전하셨고, 죄와 가난과 공포에 짓눌린 채 살아가는 사람들을 풀어 주셨고, 마땅히 보아야 할 것을 보지 못하는 청맹과니 같은 사람들의 눈을 열어 삶의 아름다움에 눈뜨게 하셨고, 정치적인 억압과 경제적인 수탈로 피폐해진 사람들의 마음을 치유하셨고, 굶주린 이들을 먹이셨습니다. 주님이 머무는 곳마다 사람들의 삶이 회복되었습니다. 병자들은 나았고, 귀신은 쫓겨났고, 낙심했던 영혼에 화색이 돌아왔습니다. 바로 그게 희년이 아니고 무엇이겠습니까?

깨뜨리고 싶지 않은 익숙함

나사렛 사람들은 아직 거기까지 생각이 미치지는 못했던 것 같습니다. 주님은 나사렛 사람들의 호의적인 반응을 즐기지 않으셨습니다. 그 이면의 숨은 욕망을 너무나 잘 아셨기 때문입니다. 누가복음이 길게 소개하지는 않지만, 이미 예수님의 가버나움 활동 이야기가 갈릴리 전역에 퍼지고 있었습니다. 그를 통해 나타나는 이적 이야기는 모두의 가슴을 뜨겁게 만들었을 겁니다. 고향 사람들은 가까운 이웃인 예수를 통해 그런 이적을 체험할지도 모른다는 부푼 기대를 안고 있었습니다. 그러나 예수님의 반응은 쌀쌀하다 싶을 정도로 냉랭합니다.

> 너희는 틀림없이 '의사야, 네 병이나 고쳐라' 하는 속담을 내게다 끌어대면서, '우리가 들은 대로 당신이 가버나움에서 했다는 모든 일을, 여기 당신의 고향에서도 해보시오' 하고 말하려고 한다(눅 4:23).

이게 그들의 속마음이었을 겁니다. 주님은 그들이 하나님 나라 운동에 동참하기를 바랐지만, 아직은 때가 아니었습니다. 그들은 삶의 변혁 혹은 지향의 변혁보다는 당장의 곤고한 일상에서 벗어날 기적을 바랐습니다. 모험은 하고 싶지 않았고, 혜택은 누리고 싶었던 것입니다.

예수님은 어떤 사람이 잔치를 베풀고 손님들을 청하였지만, 처음에는 초대에 응하였다가 막상 잔칫날이 되자 갖은 핑계를 대면서 잔치에 오지 않은 사람들 이야기를 들려주신 적이 있습니다. 저마다 핑계가 있었습니다. 밭을 샀기 때문에 나가 봐야 한다는 사람도 있었고, 겨릿소 다섯 쌍을 샀기 때문에 시험해 보아야 한다는 사람도 있었고, 장가를 들어 아내를 맞아야 한다는 사람도 있었습니다.

그들의 문제는 무엇일까요? 자신의 일상을 깨뜨리는 일을 허용할 생각이 아예 없었다는 것입니다. 익숙한 세계에 머물 뿐, 새로운 세계를 향해 나아갈 생각이 없는 이들을 주님은 꾸짖으셨습니다.

주님은 그들의 나른한 삶의 태도를 질타하기 위해 예언자들이 겪었던 일들을 예시합니다. 삼 년 반이나 이어진 가뭄으로 기근이 심했을 때 엘리야는 이스라엘 사람이 아닌 시돈의 사렙다 과부(열왕기서에서는 사르밧 과부)에게로 보냄을 받았습니다. 가난했던 그 여인은 하나님의 사람을 지극한 정성으로 돌보았고, 결국 뒤주의 밀가루가 떨어지지 않고 병의 기름이 마르지 않는 이적을 경험했습니다(왕상 17:16). 엘리사 때는 이스라엘 가운데 나병 환자가 많았지만, 시리아 장군 나아만 혼자 고침을 받았습니다. 사렙다 과부는 절박한 상황에서도 낯선 이를 환대했고, 나아만은 절박했기에 자존심을 모두 내려놓고 하나님의 사람이 지시한 대로 했습니다(눅 4:24-27).

믿음의 모험

새로운 삶은 이런 안간힘과 절박함 없이는 열리지 않는 법입니다. 믿음은 결단인 동시에 모험입니다. 자기를 걸어야 합니다. 꿩도 먹고 알도 먹을 수는 없습니다. 나사렛 사람들은 화가 났습니다. 잘 아는 사람, 자기들과 다를 바 없는 사람이 자기들을 꾸짖는 것을 용납할 수 없었습니다. 익숙함의 함정입니다. 게다가 예수님의 말은 그들의 알량한 선민의식에 상처를 입혔습니다. 이방인을 믿음의 본보기처럼 내세웠으니 말입니다.

앞서 예수의 말씀에 감탄했던 이들이 이제는 예수의 말에 분노합니다. 자기들의 이해나 자존감을 해치지 않고 자기들의 입장을 지지해 줄 때 사람들은 진리를 기뻐합니다. 그러나 진리가 자기들을 고발하고 안일한 일상을 뒤흔들 때는 진리를 미워하는 게 사람의 버릇입니다. 분기탱천한 나사렛 사람들은 들고일어나 예수를 동네 밖으로 내쫓았습니다. 그들은 예수를 산 벼랑까지 끌고 가서, 밀쳐 떨어뜨리려고 했습니다. 그렇게 하는 것이 자기들의 믿음을 입증하는 것이라고 믿었던 것일까요? 종교적 확신, 혹은 신념으로 가장한 알량한 자존심이 때로는 타자에 대한 폭력으로 비화하는 것을 우리는 종종 목격합니다.

주님은 쫓겨나셨습니다. 고향에서 환영받지 못했습니다. 죽임을 당할 뻔했습니다. 요한은 예수님의 운명을 이렇게 요약했습니다. "그가 자기 땅에 오셨으나, 그의 백성은 그를 맞아들이지 않았다"(요 1:11). 하지만 주님은 죽지 않으셨습니다. "예수께서는 그들의 한가운데를 지나서 떠나가셨다"(눅 4:30). '떠나가셨다'라는 말은 단순히 어떤 동작만을 가리키지 않습니다. 이 말은 오히려 '그의 길을 가셨다'라는 뜻입니다.

이 말 속에는 메시아적 비밀이 숨어 있습니다. 주님이 어떻게 폭력의 손아귀에서 벗어났는지는 알 수 없지만, 아직 주님의 때가 이르지 않았던 것입니다. 바리새파 사람들이 주님께 와서 헤롯이 그를 죽이려 한다는 소식을 전했을 때 주님은 담담하게 말씀하셨습니다.

"가서, 그 여우에게 전하기를 '보아라, 오늘과 내일은 내가 귀신을 내쫓고 병을 고칠 것이요, 사흘째 되는 날에는 내 일을 끝낸다' 하여라"(눅 13:32). 보내신 분의 일을 마치기 전에는 죽지 않는다는 강한 확신입니다.

주님은 외로우십니다. 고향에서도 배척받으셨으니 말입니다. 가장 친밀해야 할 사람들이 냉랭하게 등을 돌릴 때 어찌 외롭지 않겠습니까? 오늘 우리도 주님을 외롭게 하는 것은 아닌지요? 주님은 우리가 당신의 동행이 되기를 바라시는데, 우리는 아쉬울 때만 주님을 찾고, 평안하면 주님의 부름을 못 들은 체하고 사는 것은 아닌지요?

세상을 치유하고 새롭게 만들기 위해 너의 도움이 필요하다고 하셔도 저마다의 일에 바쁜 우리는 그 부름에 응하지 않았습니다. 믿음의 사람들은 고향에서 쫓겨나신 주님의 고향이 되어 드려야 합니다. 우리의 마음씀이, 우리의 살아가는 모습이 주님의 마음에 기쁨을 안겨드려야 한다는 말입니다.

물론 주님은 우리처럼 외롭다고 투정하지 않으십니다. 세상이 앗아갈 수 없는 기쁨이 있기 때문입니다. 주님은 언제라도 혼자가 아닙니다.

나를 보내신 분이 나와 함께 하신다. 그분은 나를 혼자 버려 두지 않으셨다. 그것은, 내가 언제나 아버지께서 기뻐하시는 일을 하기 때문이다(요 8:29).

버릴수록 우리를
자유롭게 하는 것들

하나님이 기뻐하시는 일을 하는 이들은 세상이 주지 못하는 위로와 평화와 기쁨을 선물로 받게 마련입니다. 그 길을 걸을 때 우리는 주님의 고향이 될 수 있습니다. 오늘도 내일도 마음 시린 이웃들의 따뜻한 고향이 되어 살아가는 우리가 되기를 기원합니다.

마태복음 13장은 '하나님의 나라' 비유 장으로 유명합니다. 씨 뿌리
는 사람의 비유, 밀과 가라지의 비유, 겨자씨와 누룩의 비유, 밭에 묻
힌 보물의 비유, 진주 비유, 어부의 비유가 한꺼번에 등장합니다. 예
수님의 가르침에서 비유가 차지하는 비중이 참 큽니다. 예수님이 비
유에 사용하신 언어는 평범하기 이를 데 없습니다. 갈릴리의 농부들
과 어부들, 가정주부들이 늘 경험하는 일이 비유의 소재입니다. 일
상의 언어로 오묘한 이치를 드러내니 가히 천재적이라 하지 않을 수
없습니다.

시를 가리켜 '언어의 사원'이라 하는 이들이 있습니다. '시詩'를
파자하면 '말씀 언言'과 '절 사寺' 자가 되는 데서 착안한 말일 겁니다.
시인들은 우리가 사용하는 일상의 언어를 적절하게 재배치하여 놀
라운 이미지나 의미를 만들어 내는 사람들입니다. 언어의 장인인 그
들은 남이 보지 못하는 것을 보는 사람들입니다. 좋은 시를 접할 때
의식의 지평이 넓어지는 까닭은 그 때문입니다. 예수님은 그런 의미

에서 시인이셨습니다. 칼릴 지브란은 《사람의 아들 예수》라는 책에서 그리스 시인 루마누스의 입을 빌려 이렇게 말합니다.

그는 시인이었습니다. 그는 우리 눈을 대신해 보았고 우리 귀를 대신해 들었으며 우리가 말로 못 하는 말을 그는 입술로 했습니다. 그리고 우리가 느끼지 못하는 것을 그는 손가락으로 만졌습니다.[15]

루마누스는 예수님이 세상의 모든 것을 다정다감한 눈으로 바라보고 향유했다고 말합니다. 풀잎, 어린이의 수줍어하는 얼굴, 석류, 한잔 술, 아몬드 꽃, 바다와 하늘, 별, 골짜기, 사막…. 그분에게는 어느 것 하나 귀하지 않은 것이 없었습니다. 예수님은 모든 것 속에서 하나님의 숨결을 읽어 내는 분이었습니다. 제대로 된 시인이란 이런 존재인지도 모르겠습니다. 루마누스는 글 마지막에 이렇게 말합니다.

나는 내 거문고는 단 한 줄뿐이며 내 목소리는 어제의 기억도 내일의 희망도 자아내지 못하는 것임을 알았기 때문에 내 거문고를 내던지고 잠잠하기로 했습니다. 언제나 황혼 녘이 되면 나는 귀를 기울이고 모든 시인의 임금이신 그 시인의 말을 들을 것입니다.[16]

예수님의 비유는 또 다른 의미의 성찬입니다. 속된 것을 통해 거룩한 것을 보게 하니 말입니다. 시인 예수는 거친 바다 사나이 시몬에게서 베드로를 보셨고, 나다나엘에게서 거짓이 없는 참사람을 보셨고, 야고보와 요한에게서 보아너게 곧 '우레의 아들'을 보셨습니다. 주님은 겉으로 드러난 모습에 현혹되는 분이 아니라, 만나는 사람들 속에 있는 가장 아름다운 가능성을 읽고 그것을 호명하시는 분이었습니다. 마음을 열고 주님을 영접한 이들은 모두 새로운 세계의 시민이 되었습니다. 하지만 모두가 그런 것은 아니었습니다.

아버지의 땅

마태복음 13장 54절은 "예수께서 자기 고향에 가서서"라는 구절로 시작됩니다. 어찌 보면 평범한 도입구입니다. 그런데 한 가지 궁금증이 생깁니다. 나사렛에 가셨다고 해도 됐을 텐데, 마태는 왜 굳이 '고향'이라는 말을 쓴 것일까요? 고향이라는 단어는 헬라어로 '파트리다*fatrida*'인데 아버지를 뜻하는 '파테르*fater*'라는 단어에서 온 말입니다. 그러니 고향은 '아버지의 땅'이라는 뜻입니다. 고향을 떠나 사는 사람에게 '아버지의 땅'은 늘 그리움의 장소일 수밖에 없습니다.

자기 몫의 유산을 미리 받아 먼 곳으로 떠났던 탕자도 인생의 막장에서 아버지의 집을 기억해 냅니다. 기술 문명이 발전하면서 삶이 더욱 분주해지고, 비인간화가 진행되고, 세계대전을 겪으며 피폐해진 세상을 허위단심으로 헤쳐나가야 했던 현대인들의 정신적 상황을 독일의 철학자 마르틴 하이데거는 '고향상실Heimatlosigkeit'이라는 말로 표현했습니다. 고향은 한마디로 말해 친숙한 장소입니다. 그곳에 가면 마음이 놓이는 곳 말입니다. 고향을 떠나 살아 본 사람이라야 고향을 그리워합니다.

윤석중 선생이 쓴 가사에 한용희 선생이 곡을 붙인 〈고향 땅〉이라는 동요를 기억하실 겁니다.

고향 땅이 여기서 얼마나 되나
푸른 하늘 끝 닿은 저기가 거긴가
아카시아 흰 꽃이 바람에 날리니
고향에도 지금쯤 뻐꾹새 울겠네

왠지 아련하지 않습니까? 고향 땅이 어딘가 가늠해 보는 까닭은 현실이 고단하기 때문일 겁니다. 아카시아 꽃잎이 바람에 나부끼는 모습을 보니 고향 땅에서 듣던 새소리가 들리는 듯하다고 말합니다.

예수님은 왜 고향에 가신 것일까요? 우리는 예수님이 무리에게 말씀하고 계실 때, 어머니와 형제들이 찾아왔다는 전갈을 듣고 한 말을 기억합니다. "누가 나의 어머니이며, 누가 나의 형제들이냐?" 그런 후에 제자들을 가리키며 말씀하셨습니다. "보아라, 나의 어머니와 나의 형제들이다. 하늘에 계신 내 아버지의 뜻을 따라 사는 사람이 곧 내 형제요 자매요 어머니이다"(마 12:49-50). 출가한 사람처럼 단호한 말씀이었습니다. 그런데도 주님이 고향을 다시 찾아온 까닭을 저는 헤아릴 길 없지만, 예수님도 인간인지라 낯익은 장소, 낯익은 얼굴들, 익숙한 말투가 주는 안온함을 그리워했기 때문이 아닌가 하는 생각이 듭니다. 적어도 복음을 전해야겠다는 특심의 소명감 때문이라고 말하고 싶지는 않습니다.

잘 아는 '낯선' 존재

고향 사람들도 예수의 소문은 듣고 있었을 것입니다. 발 없는 말이 천 리를 간다는데, 별다른 사건이 벌어지지 않는 갈릴리 지역에서 병자를 고치고, 귀신을 내쫓고, 자연 이적을 행하고, 하나님의 나라를 선포하는 예수의 소문이 전해지지 않았을 리 없습니다. 주님은 회당에 들어가 고향 사람들에게 깨달음을 나누셨습니다. 가르침의 내용을 밝히는 일은 마태의 관심사가 아닌 것 같습니다. 마태는 다만 사람들의 반응만 기록하고 있습니다. "이 사람이 어디에서 이런 지혜와 그 놀라운 능력을 얻었을까?"(마 13:54)

짐작건대 하나님 나라의 복음을 전하셨을 것입니다. 사람들은 그 말씀이 지혜의 말씀인 것을 분명히 알 수 있었습니다. 어디에서나 주님의 가르침에 대한 사람들의 반응은 놀람이었습니다. 성경은 그 까닭을 예수께서 "율법학자들과는 달리, 권위 있게 가르치셨기 때문"(마 7:29)이라고 말합니다. 권위 있는 말씀은 사건을 일으키는 말씀입니다. 귀신에게 명하면 귀신이 물러가고, 병자를 위해 기도하면 병자가 낫는 말씀입니다. 에너지로 가득 찬 그 말씀은 변화의 사건을 일으켰습니다. 고향 사람들은 거의 그 문턱에까지 이르렀습니다. 그러나 그들은 그 말씀 속으로 깊이 들어가지 못했습니다. 그 말씀을 전하는 사람이 자기들에게 너무나 익숙한 사람이었기 때문입니다.

> 이 사람은 목수의 아들이 아닌가? 그의 어머니는 마리아라고 하는 분이 아닌가? 그의 아우들은 야고보와 요셉과 시몬과 유다가 아닌가? 또 그의 누이들은 모두 우리와 같이 살고 있지 않은가? 그런데 이 사람이 이 모든 것을 어디에서 얻었을까?(마 13:55-56)

평행 본문인 마가복음에는 "그가 어떻게 그 손으로 이런 기적들을 일으킬까?"(막 6:2)라는 구절이 나옵니다. '그 손'이 가리키는 바는 그다음 구절과 연결됩니다. "이 사람은 마리아의 아들 목수가 아닌가?"(막 6:3) '그 손'은 그러니까 노동하는 손입니다. 집을 고치거나 짓는 손 말입니다. '그 손'이라는 단어 속에는 은근한 무시가 내포되어 있습니다. 고향 사람들은 예수를 빈한한 가문의 사람, 노동자라는 범주에 가둬 두고 싶어 합니다. 자기도 모르는 사이에 강자의 시선을 내면화하고 사는 게 약자의 슬픔입니다. 마가복음보다 후에 기록된 마태복음과 누가복음은 예수가 노동자였다는 사실을 슬그머니

지우려 합니다. 마태는 예수를 '그 목수의 아들'로 소개하고, 누가복음은 '요셉의 아들'로 소개합니다. 오직 마가복음만 '목수'라고 명토 박아 말합니다.

어쨌든 고향 마을 사람들은 예수가 자기들이 설정해 놓은 인정의 경계 안에 머물기를 바랍니다. 그를 존경하거나 따를 생각은 없습니다. 익숙함의 함정입니다. 익숙한 데만 머물면 새로운 것이 보이지 않는 법입니다. 새로운 것이 나타날 때는 적극적으로 배제함으로써 자기들의 진부한 삶을 유지하려 합니다. 어쩌면 그게 예수님의 운명이었는지도 모르겠습니다. 요한은 그래서 복음서의 서문에서 "그가 자기 땅에 오셨으나, 그의 백성은 그를 맞아들이지 않았다"(요 1:11)라고 적었던 것입니다.

새로운 세상을 향해 한 걸음

그런데 고향 사람들이 예수를 부정하려 한 이유가 단지 인정하고 싶지 않았기 때문일까요? 저는 조금 달리 생각할 필요가 있다고 봅니다. 예수가 전하는 하나님 나라의 복음은 매우 급진적이었습니다. 그 당시 사람들이 당연하게 생각하던 세계 질서를 근본부터 흔들었으니 말입니다.

주님은 힘 있는 사람들이 그렇지 못한 사람들을 지배하고, 착취하는 질서를 당연하게 여기지도 않았고, 어쩔 수 없는 현실로 받아들이지도 않았습니다. 로마 제국이 막강한 군단과 식민 체제 부역자들을 통해 지배하는 세상, 거룩함이라는 척도를 가지고 사람들의 삶을 함부로 재단하는 성전 체제를 주님은 당연한 것으로 받아들이지 않았습니다.

주님은 강자들의 폭력 앞에 숨죽인 채 사는 사람들을 참사람의 길로 부르셨습니다. 폭력에 굴하지 않는 삶, 사랑으로 미움을 넘어서는 삶, 몸은 죽여도 영혼은 죽일 수 없는 이들에게 굽신거리지 않아도 되는 삶으로 말입니다. 예수가 가리켜 보이는 세상은 아름다웠지만, 오랜 식민 생활에 지친 사람들의 몸과 마음에는 공포가 새겨져 있었기에 그런 꿈에 선뜻 동참하지 못했습니다.

"그래서 그들은 예수를 달갑지 않게 여겼다"(마 13:57). 예수가 괜히 평지풍파를 일으켜 그 한적한 시골 마을에 재앙을 가져올까 두려웠던 것일까요? 근거 없는 말이 아닙니다. 예수님이 태어날 무렵 나사렛에서 북서쪽으로 6킬로미터 떨어진 세포리스에서 반란이 일어났습니다. 로마 황제는 시리아 총독 바루스를 보내 세포리스를 정복하고 도시를 불태우게 했습니다. 많은 사람이 노예로 팔려 갔습니다. 2천여 명이 반란죄로 십자가에 처형되었습니다.

나사렛 사람들은 그런 공포의 기억에서 자유로울 수 없었습니다. 어쩌면 예수의 가르침이 그들 속에 잠들어 있던 공포를 환기했는지도 모르겠습니다. 몸과 마음에 새겨진 공포의 기억은 사람들을 마비시켜 새로운 꿈을 꾸지 못하게 합니다.

주님도 고향에서는 아무런 일도 하실 수 없었습니다. "예언자는 자기 고향과 자기 친척과 자기 집 밖에서는 존경을 받지 않는 법이 없다"(마 13:57). 늘 읽던 구절인데 이번에는 싸한 아픔이 제 가슴을 뚫고 지나갔습니다. 그리스도의 몸이어야 할 교회에서 주님이 이런 박절한 대접을 받는 것 같았기 때문입니다. 오늘의 교회가 예수님을 침묵시키고 있는 것은 아닌지, 예수의 이름으로 거짓 복음이 전파되고 있는 것 같기 때문입니다.

지금 주님은 외로우십니다. 주님은 "나를 따르라" 이르셨지만 우리는 주님을 경배만 하는 것은 아닌지요? "일어나 함께 가자" 하시는 주님께 등을 돌린 채 사는 것은 아닌지요? 이제 다시 시작해야 합니다. 십자가의 길, 바로 그 길만이 세상을 구원합니다. 세상의 인력이 우리를 잡아당기지만, 그래도 한 걸음씩 십자가가 가리키는 방향으로 발걸음을 옮겨야 합니다.

익숙한 세계에만 머무는 사람은 하나님 나라를 경험할 수 없습니다. 신앙은 과감히 새로운 세상을 향해 발걸음을 옮기는 모험입니다. 우리는 더 나은 본향을 바라보며 나아가는 사람들입니다. 각자의 삶의 자리에 하나님 나라의 질서를 가져오는 일에 최선을 다하십시오. 이 땅에 드리운 어두운 그늘을 걷어 내고, 하늘의 빛을 이끌어 들이십시오. 주님은 우리를 통해 아름다운 세상을 창조하고 싶어 하십니다. 주님의 꿈에 동참하는 기쁨을 누리시길 빕니다.

선을 붙들고 살아갈 용기

곡절 많은 인생길이지만 우리는 비틀거리면서도 여기까지 이르렀습니다. 상처가 된 기억들, 이루지 못한 일들이 많아 안타깝지만, 그래도 우리가 여기에 있다는 사실 자체가 감격스럽습니다. "내가 비록 죽음의 그늘 골짜기로 다닐지라도, 주님께서 나와 함께 계시고, 주님의 막대기와 지팡이로 나를 보살펴 주시니, 내게는 두려움이 없습니다"(시 23:4). 시인의 고백이 참으로 적실하게 다가옵니다. 주님의 사랑 '덕분에' 살았지만, 또한 든든한 동행들이 있어 즐거웠습니다. 비틀거릴 때마다 다가와 손을 내밀어 주고, 외롭고 슬플 때 곁에 머물러 준 사람들 말입니다.

전우익 선생은 "해마다 낙엽을 보며 또 엄동에 까맣게 언 솔잎을 보며" 깨달은 삶의 이치를 간결하게 요약한 바 있습니다. "참삶이란 부단히 버리고 끝끝내 지키는 일의 통일"이라는 것이지요.[17] 버릴 것을 과감히 버려야 새로운 것이 유입될 수 있습니다. 삶을 복잡하고 누추하고 부자유하게 만드는 것들은 자꾸만 덜어 내야 합니다.

그것은 물건일 수도 있고, 감정의 찌꺼기일 수도 있고, 잘못된 습관일 수도 있습니다. 그것과 작별해야 삶이 가벼워집니다.

하지만 어떤 경우에라도 굳게 붙잡아야 할 것들도 있습니다. 삶의 원칙 같은 것 말입니다. 다른 건 다 양보해도 결코 양보할 수 없는 것, 그것을 포기하는 순간 우리 존재의 터전이 흔들리는 것은 굳건하게 지켜야 합니다. 손해를 보는 한이 있더라도 그래야 합니다. 선한 양심, 믿음, 이웃에 대한 존중과 같은 것들이 여기에 속합니다.

빛과 어둠이 공존하는 세상입니다. 우리 사회에는 발전하는 측면도 분명히 있지만, 퇴보하는 측면도 제법 많습니다. 놀라울 정도로 말이 거칠어졌습니다. 가짜 뉴스가 만들어지고 유통되면서 사회적 통합의 끈도 느슨해졌습니다. 적대적인 말과 행동을 거침없이 행하는 이들도 늘어나고 있습니다. 그래서일까요? 한 주 내내 찬송가 510장이 입가를 맴돌았습니다.

죄의 밤은 깊어 가고 성난 물결 설렌다
어디 불빛 없는가고 찾는 무리 많구나
우리 작은 불을 켜서 험한 바다 비추세
물에 빠져 헤매는 이 건져 내어 살리세

우리는 이런 소명 앞에 서 있습니다. 죄의 밤은 깊어 가고 성난 물결이 일렁이는 세상에서 길을 잃은 이들이 많습니다. 작은 불이나

마 밝혀야 합니다. 무슨 소용이 있겠느냐고 말하는 이들도 있지만, 소용이 있어서가 아니라 해야 할 일이기에 그리해야 합니다. 죄의 밤이 깊어갈수록, 악이 기승을 부릴수록 선을 굳건히 붙들고 살아갈 용기를 내야 합니다.

선한 것을 굳게 잡고

바울은 "사랑에는 거짓이 없어야 합니다. 악한 것을 미워하고, 선한 것을 굳게 잡으십시오"(롬 12:9)라고 권고합니다. 9절 첫머리를 예루살렘 성경은 "당신의 사랑이 겉치레가 되지 않게 하십시오Do not let your love be a pretence"라고 옮기고 있습니다. 겉치레란 사람들의 눈을 의식하여 짐짓 행하는 것을 말합니다. 우리의 사랑은 하나님 앞에서의 사랑이어야 합니다. 이웃에 대한 우리의 사랑은 하나님에 대한 사랑의 표현이 되도록 애써야 합니다. 그런 사람이 되기 위해서는 악한 것을 미워하고 선한 것을 굳게 잡아야 합니다.

악한 것을 미워한다는 말은 매우 적극적인 혐오, 즉 질색하는 것을 말합니다. 남에게 해를 끼치거나 손해를 입히는 것을 마치 뱀을 보는 것처럼 싫어할 때 선한 사람이 될 수 있습니다. 선한 일은 때를 가리지 말고 해야 합니다. 경험해 보아서 잘 알겠지만, 악한 것은 달라붙기 쉽고 선한 것은 쉽게 빠져나가고는 합니다. 그렇기에 의식적으로 노력해야 합니다.

또한, 형제의 사랑으로 서로 다정하게 대해야 합니다. 무정하고 사나운 세상에서 만나는 다정한 사람은 우리를 하나님의 품으로 인도합니다. 성자 프란체스코는 '다정한 사람'의 본입니다. 그는 자기와 함께 하는 수도자들을 '나의 가장 사랑하는 형제', '나의 복된 형제'라고 불렀습니다. 서로를 이 마음으로 대한다면, 우리는 다른 사람이 될 것입니다. 프란체스코는 형제들의 필요를 채워 주고자 큰 노력을 기울였습니다. 많은 일화 가운데 하나가 참 인상 깊게 남아 있습니다. 리보 토르토는 이탈리아 아시시 인근에 있는 작은 마을입니다. 프란체스코회가 시작된 곳으로 유명하지요.

수도회 초기에 그는 몇몇 형제들과 양우리였던 그곳에 머물며 금욕적인 생활을 실천하고 있었습니다. 어느 날 밤, 모두가 밀짚으로 만든 매트 위에서 잠든 때, 형제 가운데 하나가 큰 소리로 외치기 시작했습니다. "아이고 죽겠다. 아이고 죽겠다." 프란체스코는 자리에서 일어나 불을 밝힌 후 죽겠다고 외친 이가 누구냐고 물었습니다. 한 형제가 자기가 그랬노라며 "배가 고파 죽겠다"고 했습니다. 프란체스코는 즉시 음식을 준비한 후에 모든 형제를 불러 식탁에 앉아 함께 먹게 했습니다. 그가 홀로 음식을 먹으면 창피해할까 염려되었던 것입니다. 밥을 굶고 편태로 자기 몸을 때리면서까지 욕망을 다스리려 했던 그들이지만, 가련한 형제를 위해 기꺼이 고행을 중단했습니다. 그는 자기 옆에 있는 사람을 존귀한 존재로 여기고, 온유한 사랑으로 그들을 감싸 안음으로써 그들 속에 있는 선의 가능성을 깨웠습니다. 믿음의 사람들은 존경하기를 먼저 해야 합니다. 존경할 만

버릴수록 우리를
자유롭게 하는 것들

해야지요, 라고 대꾸하고 싶으신가요? 형제자매를 존경해야 하는 까닭은 그들이 하나님이 귀히 여기시는 사람들이기 때문입니다.

하나님께 속한 사람

믿음의 사람들은 "열심을 내어서 부지런히 일하며, 성령으로 뜨거워진 마음을 가지고 주님을 섬기"(롬 12:11)는 사람이어야 합니다. 믿음의 사람들은 직장이나 일터에서 나태하고 게으르게 지내면 안 됩니다. 언제나 성실하고 믿음직한 사람이 되어야 합니다. 우리가 사는 모습이 우리 속에 있는 분을 증언하기 때문입니다. 하나님의 숨이 우리 가슴을 가득 채우면, 신명 나게 일할 수 있습니다.

"소망을 품고 즐거워하며, 환난을 당할 때에 참으며, 기도를 꾸준히 하십시오"(롬 12:12). 과거의 기억이 앞으로 나아가려는 우리의 발걸음을 더디게 할 때가 많습니다. 아우구스티누스는《고백록》에서 한 사람 안에 두 의지가 싸우는 현실을 실감 나게 묘사합니다. "영원한 축복이 우리를 위에서 끌어 올리고 세상의 좋은 것이 우리를 밑에서 잡아당길 때" 우리는 어쩔 줄 모릅니다. "영혼은 진리 때문에 전자를 선택하나 습관 때문에 후자를 버리지 못해 괴로운 번민으로 분열"됩니다.[18] 그럴 때 우리가 할 일은 하나님의 뜻으로 채우기 위해 세상의 이익을 포기하는 것입니다. 그로 인해 환난을 겪게 된다면 그 환난은 우리가 세상에 맞서는 사람, 즉 하나님께 속한 사람임을 입증하게 됩니다. 그럴 수 있으려면 늘 하나님께 집중하고 하나님과 접속을 유지해야 합니다. 그래야 박해하는 사람들을 축복할 수 있습니다.

"성도들이 쓸 것을 공급하고, 손님 대접하기를 힘쓰십시오"(롬 12:13). 교회는 환대의 공동체가 되어야 합니다. 환대란 사람들에게 안심하며 머물 수 있는 공간을 제공하는 것입니다. 미국의 어느 교파가 즐겨 사용하는 말이 있습니다. 'extravagant welcome'이 그 것입니다. 'extravagant'는 '도가 지나치다'라는 말에서 유래했습니다. 그러니까 이 말은 '지나친 혹은 터무니없는 환대'라 번역할 수 있습니다. 세상살이에 지친 이들은 자신을 있는 그대로 소중한 사람으로 대해 주는 이들 속에서 상한 영혼이 치유됨을 경험합니다. 모든 교회가 이런 환대를 일상화할 수 있으면 좋겠습니다.

결국, 이런 모든 덕목은 "기뻐하는 사람들과 함께 기뻐하고, 우는 사람들과 함께 우십시오"(롬 12:15)라는 명령에 귀결됩니다. 세상은 끊임없이 우리 삶을 개별화합니다. "너는 너고, 나는 나"라고 말하게 만듭니다. 그 때문에 우리는 근원적으로 외롭습니다. 외롭기에 각자도생을 도모합니다. 그러니 삶이 고단합니다. 우리는 사람들을 개별화하는 세상의 흐름에 맞서서 공동체의 따뜻함을 만들어 내야 합니다. 우리는 '홀로 주체'가 아니라 '서로 주체'입니다. 우리는 서로에게 지체가 된 사람들입니다.

슬픔도 기쁨도 함께 나누는 이들이 곁에 있다는 사실을 확신할 때 두려움 없이 살아갈 수 있습니다. 우리의 사귐은 끼리끼리의 사

버릴수록 우리를
자유롭게 하는 것들

귐이어서는 안 됩니다. 잘난 사람들만의 모임이어서는 안 된다는 말입니다. "서로 한 마음이 되고, 교만한 마음을 품지 말고, 비천한 사람들과 함께 사귀고, 스스로 지혜가 있는 체하지 마십시오"(롬 12:16). 비천한 사람과 사귄다고 하여 마치 시혜를 베푸는 것처럼 생각하지 마십시오. 하나님은 구원의 비밀을 비천해 보이는 이들 속에 숨겨 놓으셨습니다. 비천해 보이는 이들 곁에 다가서는 것은 그만큼 그리스도의 마음에 가까이 다가가는 것이라 할 수 있습니다.

선으로 악을 이기라

로마서 12장 9절 이하 구절은 "악에게 지지 말고, 선으로 악을 이기십시오"(롬 12:21)라는 마지막 권고 속에 다 수렴됩니다. 악이 번성하고 있습니다. 악은 인간의 탐욕을 숙주로 하여 자랍니다. 바울은 "자족할 줄 아는 사람에게는, 경건은 큰 이득을 줍니다"(딤전 6:6)라고 말했습니다. 제가 좋아하는 노자의 구절이 있습니다. "지족불욕, 지지불태, 가이장구知足不辱 知止不殆 可以長久"(도덕경 44장). 만족함을 알면 욕됨이 없고 멈출 줄 알면 위태함이 없어 가히 오래갈 수 있다는 뜻입니다. 우리가 악에게 지는 까닭은 우리 속에 기생하는 탐욕 때문인 경우가 참 많습니다. 욕심만 내려놓아도 승리의 가능성이 커집니다. 놓아야 할 것을 놓지 못하기 때문에 영혼이 누추해집니다.

악은 교묘하기 이를 데 없습니다. 심지어 부지런하기까지 합니다. 오죽하면 주님이 제자들을 세상에 파견하면서 "보아라, 내가 너

261

희를 내보내는 것이, 마치 양을 이리 떼 가운데로 보내는 것과 같다. 그러므로 너희는 뱀과 같이 슬기롭고, 비둘기와 같이 순진해져라"(마 10:16) 하고 말씀하셨겠습니까? 악한 이들은 순진한 이들을 밥으로 여깁니다. 그러니 악의 실체를 꿰뚫어 보는 지혜가 필요합니다.

악에게 동조하지 말아야 합니다. 악이 기승을 부리는 까닭은 선한 사람들이 침묵하기 때문입니다. 이제부터는 선한 이들이 목소리를 높여야 합니다. 목소리를 높인다고 하여 사사건건 맞서 싸우라는 말이 아닙니다. 그들 앞에서 선한 일을 끈기 있게 해야 합니다. "네 원수가 주리거든 먹을 것을 주고, 그가 목말라 하거든 마실 것을 주어라. 그렇게 하는 것은, 네가 그의 머리 위에다가 숯불을 쌓는 셈이 될 것이다"(롬 12:20).

'머리 위에다가 숯불을 쌓는 셈'이라는 말은 도덕적으로 부끄럽게 만들라는 말이 아닙니다. 오히려 악의를 품은 상대방을 사랑과 선의로 대함으로써 그들 속에 있던 적대감을 불살라 버리라는 뜻입니다. 그때 우리의 승리는 이중의 승리가 될 것입니다. 이제 우리는 새로운 시간을 향해 나아갑니다. 시간은 해가 바뀐다고 하여 새로워지지 않습니다. 오직 옛사람을 벗어버리고 그리스도로 옷 입는 사람만이 새로운 시간과 만나게 됩니다. 매일 주님의 은총을 누릴 수 있기를 바랍니다. 악한 세상에서 살지만 우리는 선으로 악을 이기는 사람이 될 것입니다. 이 가슴 벅찬 소망이 우리를 지켜 줄 것입니다. 주님의 은총과 평화가 늘 우리와 함께하시기를 빕니다.

멍에를 벗고 참된 자유인으로

지난 한 주간도 참 힘겨운 나날이었습니다. 미세먼지로 뿌연 하늘만큼이나 우리 마음을 울적하게 하는 사건이 많았습니다. 아파트 외벽 도장 공사를 하던 이가 매달려 있던 줄을 끊어 사망에 이르게 하는 사건도 있었고, 양평에서는 부부 싸움 끝에 어린이집에 있던 네 살배기 자기 아이를 데려다가 목 졸라 죽인 비정한 아버지의 이야기도 들려왔습니다. 꾸지람하는 아버지를 때려죽인 아들도 있었습니다. 왠지 세상이 미쳐 돌아가는 것처럼 보입니다. 런던에서는 서민들이 살던 그렌펠 타워 화재로 많은 이가 죽었습니다. 재일학자 강상중 박사의 글을 읽다가 밀턴의 《실락원》에 나오는 한 대목과 만났습니다.

인간이여 부끄러운 줄 알라, 고 하고 싶구나! 저주받은 악마조차도 그들끼리는 굳건히 일치단결을 하는 법인데 생물들 중에서 이성적인 인간만이 하느님의 은총을 입을 희망이 있음에도 불구하고 서로 반목하는구나. 하느님이 땅에는 평화 있으라고 선포했음에도 서로 증오하고 적의를 품고 싸우는 생활에 열중하여 잔혹한 전쟁을 일으켜 지상을 황폐하게 해서는 결국 멸망할 뿐이다.[19]

하나님의 형상대로 지음 받은 이성적인 인간이 서로 반목하고, 적의를 품고, 서로 죽고 죽이는 일이 다반사로 벌어집니다. 가끔 제게 세상에 희망이 있냐고 묻는 분들이 있습니다. 저는 희망이란 원래 희박한 것이고, 위태롭기 이를 데 없지만, 희망은 밖에서 주어지는 것이 아니라, 우리 속에서 키워야 하는 가치라고 말하곤 합니다. 어려울 때일수록 근본에 충실해야 합니다. 성경 말씀에 귀를 기울이는 것은 그 때문입니다.

명심해야 할 생의 태도

예수님은 예루살렘에 올라가시기 전에 제자들을 훈련하셨습니다. 어떤 눈으로 역사를 바라보고, 어떤 마음으로 사람들을 대해야 하는지 세세하게 가르치셨습니다. 참된 행복이 무엇인지, 기도는 어떻게 해야 하는지, 종교적 위선과 어떻게 결별해야 하는지, 잃어버린 영혼을 회복하기 위해 어떻게 노력해야 하는지, 재물에 대한 의존에서 어떻게 벗어나야 하는지 가르치셨습니다. 정말 소중한 가르침입니다.

누가복음 17장에는 용서와 성실함과 감사와 깨어있음에 대한 가르침이 담겨 있습니다. 이 네 가지 덕목은 다 연결되어 있습니다. 주님은 먼저 당신을 따르는 사람들이 꼭 명심해야 할 생의 태도를 가르치셨습니다.

> 걸려 넘어지게 하는 일들이 생기지 않을 수는 없지만, 그러한 일들을 일으키는 사람은 화가 있다. 이 작은 사람들 가운데 하나를 걸려 넘어지게 하는 것보다, 차라리 자기 목에 큰 맷돌을 매달고 바다에 빠지는 것이 나을 것이다(눅 17:1-2).

이 거친 세상에서 다양한 관계를 맺으며 사노라면 우리는 누군가에게 상처를 받기도 하고, 상처를 주기도 합니다. 내 말에 혹은 내 행동에 상처 받았다고 하는 이들을 만날 때면 깊은 당혹감을 느낍니다. 내 의도는 그런 게 아니었다고 변명해 보지만, 상대방의 상처는 쉽게 치유되지 않습니다.

왜 이런 오해가 빚어지는 것일까요? 처지가 다르기 때문입니다. '갑'의 자리에 있는 사람이 무심코 한 말이 '을'에게는 치명적인 상처가 되기도 합니다. 아이들이 재미 삼아 던지는 돌이 개구리에게는 생명의 위협일 수도 있습니다. 그렇기에 힘이 있는 사람일수록 언행을 조심해야 합니다. 주님은 '작은 자 하나'를 걸려 넘어지게 하는 이들은 차라리 목에 맷돌을 매달고 바다에 빠지는 게 나을 것이라고 말씀하십니다. 너무나 엄중한 말씀입니다.

신영복 선생은 관계의 최고 형태는 '입장의 동일함'이라고 말했습니다. 믿는 이들은 늘 다른 이들의 자리에 서는 연습을 해야 합니다. 선 자리가 다르면 세상도 달리 보이는 법입니다. 이어서 주님은 용서에 대해서도 말씀하십니다.

너희는 스스로 조심하여라. 믿음의 형제가 죄를 짓거든 꾸짖고, 회개하거든 용서하여 주어라. 그가 네게 하루에 일곱 번 죄를 짓고, 일곱 번 네게 돌아와서 '회개하오' 하면, 너는 용서해 주어야 한다(눅 17:3-4).

잘못된 일을 보고도 눈감아 주는 것은 사랑이 아닙니다. 주님은 믿음의 형제가 죄를 짓거든 꾸짖으라 하십니다. 꾸짖음은 모멸감을 안겨 주기 위함이 아니라, 바로 서게 하기 위함입니다. 그래서 주님은 그가 회개하면 몇 번이라도 용서해 주라고 하십니다.

엔도 슈사쿠의 소설 《침묵》은 일본에 처음 복음이 전파되던 시기에 일어난 박해의 현실을 다루고 있습니다. 강직한 신자들은 고문을 당하고 죽음에 내몰리면서도 믿음을 버리지 않았습니다. 펄펄 끓는 온천물을 온몸에 뒤집어쓰기도 하고, 귀 뒤에 바늘구멍을 낸 채 거꾸로 매달려 한 방울 한 방울 피를 흘리며 죽어 가기도 했고, 조수 간만의 차이가 심한 바다에 세운 십자가에 매달린 채 서서히 죽어 가기도 했습니다. 믿음의 용사라 할 만합니다. 하지만 모두가 그런

강인한 믿음을 가진 것은 아니었습니다. 박해가 두려워 신앙을 부인하는 이들도 있었습니다. 그들을 비겁하다고 함부로 조롱할 수 있을까요?

소설에 등장하는 기찌지로오라는 인물은 지질하기 이를 데 없는 사람입니다. 신앙을 지키기 위해 목숨을 걸지도 못하고, 그렇다고 신앙을 완전히 버리지도 못한 채 서성입니다. 달아났다가 되돌아오기를 반복합니다. 그러나 작가는 그에게 연민의 시선을 보냅니다. 우리에게도 '기찌지로오'적인 면이 있습니다. 중요한 것은 돌이킴입니다. 하나님의 은총을 향해 기어코 몸을 돌리는 용기가 필요합니다.

교회 공동체는 바로 그런 이들을 품는 품이 되어야 합니다. 그러나 정말 용서하기 어려운 일들도 있습니다. 자기 잘못을 시인하지도 아파하지도 않는 이를 용서하는 것은 불가능합니다. 용서는 정의의 회복과 연결되어야 하기 때문입니다. 용서를 지향하되, 값싼 용서 선언으로 악에게 용기를 주지는 말아야 합니다.

보상을 바라지 않는 신앙

주님의 길을 걷는 이들이 또 명심해야 하는 것이 있습니다. 주님이 앞서 걸어가신 길을 따라 걷는 일이 어떤 보상을 얻기 위한 일이어서는 안 된다는 것입니다. 제자들에게도 보상에 대한 기대가 분명히 있었습니다. 야고보와 요한은 예루살렘 입성 전에 주님을 찾아와 청탁했습니다. "선생님께서 영광을 받으실 때에, 하나는 선생님의 오른쪽에, 하나는 선생님의 왼쪽에 앉게 하여 주십시오"(막 10:37). 마태는 제자들의 이 스캔들을 조금 완화하고자 그들의 어머니가 청탁한 것으로 기록하고 있습니다(마 20:21). 베드로는 부자가 천국에 들어가기 어렵다는 말씀을 듣고 이렇게 여쭀습니다. "보십시오, 우리는 모든 것을 버리고, 선생님을 따랐습니다. 그러니, 우리가 무엇을 받겠습니까?"(마 19:27) 보상을 바라는 신앙처럼 위험한 것은 없습니다. 주님은 그 위험을 경고하고자 이야기를 하나 들려주십니다.

한 종이 있습니다. 그는 주인을 위해 밭을 갈거나, 양을 치는 등 많은 일을 감당하는 사람입니다. 그런데 주님은 그 종이 들에서 돌아올 때 "어서 와서, 식탁에 앉아라" 하고 말할 주인이 어디 있겠느냐고 말씀하십니다. 오히려 빨리 먹을 것을 준비하라고 재촉하고, 주인이 밥을 먹을 동안 시중을 다 든 후에 먹으라고 하지 않겠느냐는 것입니다. 이 이야기 끝에 하신 말씀이 좀 충격적입니다.

> 그 종이 명령한 대로 하였다고 해서, 주인이 그에게 고마워하겠느냐?(눅 17:9)

스멀스멀 화가 치밀어오르지 않나요? 주인의 처사가 너무 비인간적인 것 같아 영 불편합니다. 주님은 그런 주인의 행태가 당연하다고 말씀하시는 것만 같습니다. 그러나 우리가 명심해야 할 것이 있습니다. 예수님의 비유를 윤리적·도덕적 관점에서 평가하려 하면, 비유의 핵심에 이를 수 없다는 점입니다. 중요한 것은 비유가 전달하고자 하는 메시지이지, 그 이야기가 윤리적으로 타당한가를 따지는 것이 아닙니다. 이 비유는 어쩌면 1세기 팔레스타인에서 못된 지주들의 행태를 반영하고 있는지도 모릅니다. 비유가 전하고자 하는 메시지는 마지막 절에 있습니다.

> 이와 같이, 너희도 명령을 받은 대로 다 하고 나서 '우리는 쓸모없는 종입니다. 우리는 마땅히 해야 할 일을 하였을 뿐입니다' 하여라(눅 17:10).

주님의 뒤를 따르는 이들은 보상을 바라고 어떤 일을 하기보다는 그 일이 마땅히 해야 할 일이기에 한다는 생각을 품어야 한다는 말입니다. 직장 생활을 하는 이들에게 노동의 정당한 대가를 요구하지 말라는 말이 아닙니다. 노예처럼 살지 말라는 말입니다. 우리가 정녕 믿음의 사람이라면 날마다 반복적으로 수행해야 하는 일들을 통해 하나님을 예배해야 합니다.

메이플리지에 있는 브루더호프 공동체에서 사는 한 형제는 공동체가 운영하는 목공소를 보여 주면서, "우리가 하는 모든 일은 예수님에 대한 사랑의 표현"이라고 여러 번 이야기했습니다. 짐짓 해 보는 말이 아니라 공동체의 핵심 원리임을 어렵지 않게 알 수 있었습니다. 더욱 놀라운 것은 전 세계에 흩어져 있는 브루더호프 공동체의 통장이 하나라는 사실이었습니다. 각자가 필요한 만큼 받았다는 초대교회의 이상이 어느 정도 실현되고 있는 것입니다.

인도 출신의 위대한 전도자 사두 순다르 싱에 대해 들어 보신 적이 있는지요? 그는 1889년 인도 펀자브주 람푸르에서 부유한 시크교도 집안에서 태어났습니다. 어린 시절에 장로교 선교사가 세운 기독교 학교에서 교육을 받았지만, 기독교에 대한 반감이 매우 컸다고 합니다. 1905년 어느 날 그는 성경을 찢어 불태웠습니다. 그런데 이상한 불안감이 엄습했습니다. 그래서 목욕재계를 한 후에 밤새도록 기도를 올렸습니다. "참 신이 계신다면 저에게 올바른 길을 보여 주십시오." 만약 응답이 없으면 죽겠다고 다짐했습니다. 새벽 4시 30분경, 그는 기도하던 방에서 거대한 빛과 만났습니다. 그 빛은 영광과 자비로 충만했습니다. "누구십니까?" 그 빛 가운데서 음성이 들려왔습니다. "나는 네가 핍박하는 예수다."

바울의 회심 이야기와 유사합니다. 그는 그 빛 앞에 엎드렸습니다. 놀라운 평화가 찾아왔습니다. 그날 이후 그는 금욕과 고독과 명상의 삶을 살았습니다. 그리고 티베트 사람들에게 복음을 전하는 일에 진력하다가 1929년 어느 날 실종됐습니다. 교회 전통은 6월 19일을 그의 축일로 지킵니다. 그의 이야기를 꺼낸 까닭은 그가 한 말이 오늘날 우리에게 큰 도전이 되기 때문입니다.

내가 지옥에 대한 두려움 때문에 주님을 예배한다면, 차라리 그 속에 던져지기를. 내가 천국을 얻기 위한 욕망 때문에 주님을 섬기긴다면, 하나님께서 나를 내쫓으시기를. 그러나 오직 주님을 사랑하기에 예배한다면, 주님은 내게 당신을 보여 주실 것이고, 내 가슴은 그분의 사랑과 임재로 가득 차게 될 것이다.

지옥에 대한 두려움이나 천국에 대한 욕망 때문에 주님을 섬기는 것은 진실한 믿음이 아니라는 말입니다. 오직 주님을 사랑하기에 주님을 예배하는 믿음만이 진실한 믿음입니다. 풀무불 속에 던져지기 전, 사드락과 메삭과 아벳느고가 왕에게 뭐라 했습니까?

불 속에 던져져도, 임금님, 우리를 지키시는 우리 하나님이 우리를 활활 타는 화덕 속에서 구해 주시고, 임금님의 손에서도 구해 주실 것입니다(단 3:17).

그러나 이 말보다 더 우리 가슴을 울리는 말은 그다음에 한 말입니다.

비록 그렇게 되지 않더라도, 우리는 임금님의 신들은 섬기지도 않고, 임금님이 세우신 금 신상에게 절을 하지도 않을 것입니다. 굽어살펴 주십시오(단 3:18).

종의 멍에를 벗고

믿음이란 이런 것입니다. 욥의 신실함을 칭찬하는 하나님께 사탄이 한 말이 뭡니까? "욥이, 아무것도 바라는 것이 없이 하나님을 경외하겠습니까?"(욥 1:9) 참으로 중요한 질문입니다. 우리는 어떠합니까? 하나님이 우리에게 적절한 보상을 해주지 않으신다고 해도 여전히 신앙을 지키며 살까요? 우리가 자주 실망하고 낙심하는 까닭은 하나님이 우리 의도대로 움직이지 않으시는 것처럼 보이기 때문입니다.

이슬람에 속한 수피교 신비주의자 라비아(8세기)의 이야기도 비슷한 맥락에서 이해할 수 있습니다. 어느 날 라비아가 길을 따라 달려가고 있었습니다. 한 손에는 횃불이, 다른 손에는 물동이가 들려 있었습니다. 궁금증이 생긴 사람들은 라비아에게 어디를 그리 급히 가느냐, 손에 든 것은 뭐냐, 물었습니다. 그러자 라비아는 "나는 낙원에 불을 지르고, 지옥에 물을 끼얹으러 가고 있어요. 그래야 하나님에 대한 진실한 비전을 가로막는 베일이 완전히 사라질 테니까요" 하고 대답했습니다.[20]

처벌에 대한 두려움 때문에 어떤 일을 하는 사람은 여전히 종의 멍에를 멘 사람입니다. 보상에 대한 기대 때문에 하나님을 믿는 사람도 마찬가지입니다. 누가복음 15장에 나오는 '탕자의 비유'에서 형의 비극이 전형적입니다. 그는 아버지의 집에서 종의 정체성을 가지고 살았습니다. 그저 하나님이 좋아서, 하나님의 뜻대로 사는 것이 즐거워서 그렇게 사는 이라야 원망과 시기에 사로잡히지 않을 수 있습니다.

바울 사도는 "여러분의 몸을 하나님께서 기뻐하실 거룩한 산 제물로 드리십시오"(롬 12:1)라고 말합니다. 교회 일을 열심히 하는 사람 가운데 시험에 빠지는 이들이 많은 까닭은, 자신들의 행위나 실천에 대한 칭찬을 구하기 때문인 경우가 많습니다. 사도 바울은 "사람을 기쁘게 하는 자들처럼 눈가림으로 하지 말고, 그리스도의 종답게 진심으로 하나님의 뜻을 실천하십시오"(엡 6:6)라고 말합니다. 예수님도 산상수훈에서 자선을 베풀 때는 오른손이 하는 일을 왼손이 모르게 하라고 하셨고, 기도할 때는 골방에 들어가 문을 닫고 기도하라 하셨고, 금식할 때는 머리에 기름을 바르고 낯을 씻으라고 하셨습니다.

우리 각자에게 주어진 이 땅에서의 소명을 기쁨으로, 감사함으로 수행할 때 우리가 하는 일은 하나님의 일이 됩니다. 거꾸로 두려움이나 욕망 때문에 하는 신앙적 실천은 노예의 멍에가 되기 쉽습니다. 우리 모두 참된 자유인으로 성장해 가기를 기원합니다.

희망을 잃지 않는
사람들

마르틴 루터가 타락한 중세 가톨릭의 개혁을 촉구하는 봉홧불을 밝힌 지 벌써 502년이 되었습니다. 개혁의 핵심은 복음의 본질로 돌아가자는 것이었습니다. 'Ad Fontes'. '근원으로 돌아가자'는 말이 곳곳에서 메아리쳤습니다. 기독교 신앙의 근원 혹은 핵심은 무엇일까요? 범박하게 요약하자면 출애굽 정신과 십자가 정신이 아닐까요? 하나님의 형상대로 지음 받은 사람을 '수단'으로 삼는 주류 문화에 대한 저항, 자기가 살려고 남을 짓밟는 것이 아니라 다른 이들을 유익하게 하려고 자기를 기꺼이 희생하는 것이야말로 우리가 돌아가야 할 근원일 것입니다. 쉬운 일이 아닙니다. 그래서 근원으로 돌아가는 길은 한산하기만 합니다. 좁은 길이기 때문입니다.

Ecclesia semper Reformanda est. 교회는 계속 개혁되어야 한다는 뜻의 라틴어 문장입니다. 교회는 현상에 안주하지 않고 자기를 돌아보며 부단히 새롭게 개혁될 때 건강해집니다. 아무리 잘 닦은 창문도 며칠만 지나면 먼지가 앉게 마련입니다. 우리 신앙의 창

문에도 먼지가 쌓이곤 합니다. 자기도 모르는 사이에 신앙의 본질에서 멀어질 때도 있고, 의도적으로 본질을 외면하기도 합니다. 성찰하지 않을 때 신앙은 습관이 됩니다. 관습적인 신앙 행위를 하면서 잘 믿고 있다고 착각할 때가 많습니다. 본질로부터 멀어진 교회는 '신의 무덤'이 되기도 합니다. 오늘의 교회를 바라보는 세상의 시선이 싸늘합니다. 교회 세습 문제로 세상이 떠들썩했습니다. 이 교회 저 교회에서 벌어지는 낯뜨거운 추문이 우리를 참담하게 합니다.

감리교회의 현실 또한 다르지 않습니다. 감독회장 선거와 관련된 분쟁으로 감리교회는 여러 해 동안 큰 상처를 받았습니다. 일단의 사람들이 뽑힌 이가 무자격자라고 소송을 걸자, 법원은 그의 직무를 정지시키고 감독회장 직무대행을 임명했습니다. 복잡하게 얽힌 감리교회의 문제를 잘 풀어 보라는 취지였을 겁니다. 그러나 오히려 상황이 더 나빠졌습니다. 이해관계를 달리하는 이들이 저마다 목소리를 높였기 때문입니다. 법원은 다시 임시감독회장의 직무를 정지시키고 직무를 정지시켰던 감독회장을 복귀시켰습니다. 교회는 세상 앞에 스스로 자정 능력이 없는 단체임을 드러냈고, 존경받아야 할 직책인 감독이 세상의 웃음거리가 된 셈입니다.

목사들이 모이면 자조적으로 하는 말이 있습니다. 변호사들이 교회 덕분에 먹고 산다는 것입니다. 엊그제 들은 말입니다만, 교계 지도자들이 골프장에서 회동하기도 한다고 합니다. 왜 좋은 교회 시설을 두고 거기서 모여야 하는지 도무지 알 수 없습니다. 나름 잘 나가는 목사라는 사실을 서로에게 확인해 주려는 것일까요? 무리한 건축을 감행하다가 빚에 몰려 교회가 무너지는 경우도 비일비재합니다. 심지어 잘 지은 예배당을 이단에게 넘기는 일도 많습니다. 주님이 교회를 허락하신 까닭은 사람들을 한 방향으로 몰아가는 주류 세계에 맞서 새로운 질서를 만들라는 것이 아니었을까요? 교회는 사람들이 저마다 높아지기 위해 다른 이들을 짓밟는 것이 일상이 된 세상에서, 지배가 아니라 사랑과 섬김과 나눔에 근거한 삶이 가능하다는 사실을 보여 주고, 빈민 운동가였던 제정구 선생의 말대로 '가짐 없는 큰 자유'를 보여 주어야 합니다. 그러나 현실은 그렇지 못합니다. 처연하지만 우리가 바로 짠맛을 잃어버린 소금임을 인정하지 않을 도리가 없습니다.

열매 없는 나무

소아시아의 일곱 교회 가운데 하나인 사데 교회를 향한 주님의 말씀은 차분하지만 통렬합니다.

나는 네 행위를 안다. 너는 살아 있다는 이름은 있으나, 실상은 죽은 것이다(계 3:1).

무서운 선언입니다. 명실상부名實相符 하지 못하다는 것입니다. 이름과 실상이 꼭 들어맞지 않는다는 말을 듣는 것은 참 부끄러운 일입니다. 저도 이래저래 허명이 조금 알려진 사람이 되었습니다만, 알려진 것만큼 삶의 열매가 없다는 사실이 얼마나 두려운지 모르겠습니다. 《아벨라르와 엘로이즈》는 중세의 신학자인 아벨라르와 한때 연인이었다가 수녀가 된 엘로이즈가 주고받은 편지를 묶은 책입니다. 아벨라르의 편지에 나오는 한 대목이 떠오릅니다. 당대의 대학자였던 리옹의 안셀모를 찾아갔다가 느낀 바를 적은 글귀입니다.

안셀모는 다수의 청중 앞에 있을 때는 그야말로 경탄할 만한 존재였으나 질문자와 마주 앉았을 때는 아무것도 아니었지. 언어 구사는 절묘했으나 내용은 알맹이가 없었으며 이론은 공허했네. 그가 강의에 불을 붙였을 때 그의 집은 연기로 가득 차긴 했으나 빛이 비치지는 않았던 것일세. 안셀모라는 나무는 잎이 무성하여 멀리서 볼 때는 당당하게 느껴지지만, 가까이 가서 주의 깊게 살펴보는 사람은 그 나무에 열매가 없다는 사실을 곧 알게 되지.

그의 평가가 정당한지는 모르겠지만, 우리도 주님 앞에 서면 실상이 적나라하게 드러날 것입니다. 바울 사도는 거짓 사도들을 경계하라면서 이렇게 말합니다. 그들은 "겉으로는 경건하게 보이나, 경건함의 능력은 부인할 것입니다. 그대는 이런 사람들을 멀리하십시오"(딤후 3:5). 이것은 우리도 일쑤 경험하는 현실입니다. 종교적인 언어를 잘 쓰는 사람일수록 자기와 생각이 다르거나 지향이 다른 사람들을 더 무시하고 혐오하는 것을 자주 봅니다. 가장 거룩한 것처럼 자기를 포장하는 사람 가운데 위선적인 이들이 많습니다. 겉과 속이 똑같을 수는 없다 해도, 우리가 정말 하나님을 경외하는 이들이라면 그 둘의 일치를 이루기 위해 노력해야 하지 않겠습니까?

그런데 어쩌다가 사데 교회는 죽은 교회라는 선고를 듣게 된 것일까요? 사데라는 도시는 주전 6세기 리디아의 왕인 크로이소스가 다스릴 때가 전성기였습니다. 귀금속 자원이 많이 났고 양모업도 성행했기에 사데는 부유한 도시였습니다. 지금도 사데 근처에는 거대한 왕릉이 남아 있습니다. 당시의 부유함을 보여 주는 징표입니다. 그런데 부유함의 이면에는 짙은 그림자가 있게 마련입니다. 힘 있는 이들은 그렇지 못한 이들을 착취하고 억압합니다. 약자들은 존엄한 인격을 가진 주체가 아니라 언제든 활용할 수 있는 자원으로 취급되곤 합니다.

미다스 왕의 신화를 우리는 잘 압니다. 디오니소스 신의 사랑을 받던 그는 자기가 만지는 것이 다 황금이 되게 해 달라고 빌었고, 결국 그 능력을 얻었습니다. 한동안 황홀했겠지요. 세상에서 제일 부유한 사람이 되리라 기대했을 겁니다. 하지만 만지는 모든 것이 황금으로 변했기에 음식을 먹을 수 없었습니다. 사랑하는 딸도 그의 손이 닿자 황금으로 변하고 말았습니다. 그때에야 그는 자기에게 주어진 특별한 능력이 복이 아니라 저주라는 사실을 깨달았습니다.

이 신화가 우리에게 암시하는 것은 무엇일까요? 욕망에 사로잡힌 이들은 다른 생명 있는 존재를 사물로 변질시킨다는 사실이 아닐까요? 이것을 일러 '물화物化'라 하는데, 독일어로 물화를 뜻하는 'Verdinglichung'이라는 단어에는 물건을 뜻하는 'Ding'이 들어 있습니다. 사람을 물건처럼 대하는 것은 그 사람을 지으신 하나님에 대한 모독입니다.

문제가 무엇인지는 정확히 말할 수 없지만, 결국 사데 교회도 사데라는 도시의 운명 그대로 부유해지면서 타락한 것이 아닌가 싶습니다. 교회가 부유해지고 영향력이 커지면 타락하게 마련입니다. 자기에 대해 과신하거나, 자기들끼리 행복한 세상에 갇히기 때문입니다. 중세 가톨릭은 자기들의 목적을 이루기 위해 '면벌부'라는 비성서적인 교리까지 만들어 냈습니다. 교회는 공포심을 주입함으로써 사람들을 지배했습니다. 든든히 서가는 것 같아도 그 교회는 죽은 교회입니다. 사데 교회를 우리의 반면교사로 삼아야 합니다.

되새기고, 굳게 지키고, 회개하라

하지만 희망이 전혀 없는 것은 아닙니다. 많은 이들이 영적인 잠에 빠져 있지만, 아직 끝은 아닙니다. 주님은 "깨어나라"라고 촉구하십니다. 요한의 메시지가 아니더라도 우리는 바울 서신 곳곳에서 깨어나라는 명령과 만납니다. "깨어나라"는 말은 낮의 사람이 되라는 말입니다. 바울은 "우리는 낮에 속한 사람이므로, 정신을 차리고, 믿음과 사랑을 가슴막이 갑옷으로 입고, 구원의 소망을 투구로 씁시다"(살전 5:8)라고 권고합니다. 낮에 속한 사람은 "호사한 연회와 술 취함, 음행과 방탕, 싸움과 시기에"(롬 13:13) 빠지지 않는 사람입니다. 낮에 속한 사람은 또한 예수 그리스도로 옷을 입은 사람들입니다. 만나는 모든 사람을 하나님이 보내신 이들로 대하고, 그들의 생명을 풍성하게 하고자 진력하신 예수님처럼 살 때 우리는 비로소 깨어 있는 사람이라 할 수 있습니다. 그런 삶을 살려면 어떻게 해야 할까요? 요한은 세 가지 과정을 제시합니다.

> 그러므로 네가 그 가르침을 어떻게 받고 어떻게 들었는지를 되새겨서, 굳게 지키고, 회개하여라(계 3:3).

첫째, 주의 가르침을 어떻게 받고 어떻게 들었는지를 되새겨야 합니다. 일종의 기억 투쟁입니다. 진리를 뜻하는 헬라어 '아레테이아 *aletheia*'에는 망각을 뜻하는 '레테*lethe*'가 포함되어 있습니다. 신앙생활은 하나님의 은총을 경험하고도 일상의 분주함 때문에 혹은 현실에서 겪는 괴로움 때문에 은총의 기억을 잃어버리는 데 대한 일종의 저항입니다. 예언자들은 출애굽 정신을 기반으로 백성들을 깨우쳤습니다. 주님이 우리에게 요구하시는 바가 무엇인지 자꾸 여쭈어야 합니다.

둘째, 그것을 굳게 지켜야 합니다. 유교의 가르침 가운데 제가 명심하고 있는 것이 있습니다. '주일무적主一無適'이 그것입니다. 오로

지 하나에 집중하여 이리저리 옮기지 말라는 것입니다. 십자가의 길을 인생의 길로 삼았으면 이익과 손해를 따지지 말고 끝내 그 길을 걸어야 합니다. 그래야 영혼의 근육이 생깁니다. 울면서라도 씨를 뿌리는 자라야 기쁨으로 단을 거두어들일 수 있습니다.

셋째, 회개해야 합니다. 회개는 후회가 아니라 삶의 변화입니다. '나 중심'에서 '하나님 중심'으로의 변화 말입니다. 그리스도인이라는 이름으로 만족하면 안 됩니다. 우리 마음이 주님의 마음과 깊은 일치를 이루어야 합니다. 사람들이 '목사들의 목사'라 부르던 유진 피터슨 목사가 작년에 세상을 떠났습니다. 성경을 일상의 언어로 풀어 쓴《메시지》성경으로 유명한 분입니다. 그의 마지막 말은 "Let's go"였답니다. 자기를 맞으러 온 천사들에게 한 말일까요? 그는 홀가분하게 세상에서의 소풍을 마치고 안식에 들었습니다. 저는 그를 추념하기 위해 최근에 번역되어 나온 그의 책《물총새에 불이 붙듯》을 꺼내 놓고 여기저기 펼쳐 보았습니다. 책 제목은 그에게 깊은 영향을 준 19세기 영국의 예수회 사제인 제라드 맨리 홉킨스의 시에서 따온 것이었습니다.

물총새에 불이 붙고, 잠자리 날개가 빛과 하나 되듯,
우물 안으로 굴러든 돌이 울리고,
켜진 현들이 저마다 말하고, 흔들리는 종이
자신의 소리를 널리 퍼뜨리듯,

모든 피조물은 한 가지 같은 일을 한다.

각자 내면에 거주하는 제 존재를 밖으로 내보낸다.

자기 스스로를 발현한다. 그것이 '나라고 명시한다.

'내가 하는 것이 나이며, 그 때문에 내가 왔다'고 외친다.

시인은 자기 속에 있는 것을 밖으로 드러내는 것이 모든 피조물의 일이라고 말합니다. 유진 피터슨 목사는 앞의 책에서 "그리스도인의 삶은 그리스도인다움에 일치하고자 하는 평생의 노력"이라고 말합니다.[21] 우리가 진정 그리스도인이라면 그리스도와의 깊은 일치를 꿈꾸어야 합니다. 늘 그러하지 못하기에 우리는 참회를 거듭하는 것입니다.

희망을 버리지 않는 사람들

한국 교회에 희망이 있냐고 묻는 이들이 참 많습니다. 그때마다 저는 다소 비관적인 전망을 하곤 합니다. 하지만 절망의 노래를 부르는 것도 불신앙임을 잘 압니다. 시간이 없어 가 보지는 못했지만, 얼마 전에 홍콩 출신의 아시아 여성 신학자인 미국 성공회 신학교의 곽푸이란 교수가 한국에 와서 강연을 했습니다. 저는 그분의 강연을 1990년에 들은 바 있습니다. '정의, 평화, 창조 세계 보전JPIC' 대회에 온 그는 성경공부를 인도하던 중 조지프 콘래드가 들려주는 이야기를 인용했습니다.

한때 훌륭한 선원이 되기를 늘 원했던 한 젊은 남자가 있었다. 그때 그는 배 위에서 많은 순례자를 돕고 있었다. 갑자기 그는 "위험해요, 배를 버리세요"라고 울부짖는 소리를 들었다. 그 젊은이는 소스라치게 놀라서 즉각 배에서 뛰쳐나갔다. 놀랍게도 그 배는 침몰하지 않았고, 그 순례자들은 해변에 무사히 도착하였다.

곽푸이란은 1997년에 홍콩이 중국에 반환된다는 사실에 당혹감을 느낀 홍콩 사람 다수가 다른 나라로 이주하는 현실에 빗대 이 이야기를 들려주었습니다. 이어 이 이야기를 지구의 상황으로 확장해서 성경공부의 결론을 내렸습니다.

지구는 오늘날 잠겨가는 배와 같고, 우리는 거기서 벗어날 수가 없다. 그러나 만약 우리가 희망을 잃는다면 우리는 배를 포기할 수 있다. 좌절감을 느끼고 무기력해졌을 때 나는 한국의 노래를 부르곤 한다.[22]

그 노래는 〈상록수〉입니다. 그는 무대에서 무릎을 꿇은 채 한국어로 노래를 불렀습니다.

저 들에 푸르른 솔잎을 보라
돌보는 사람도 하나 없는데

비바람 불고 눈보라 쳐도
깨치고 나아가 끝내 이기리라

이 노래는 서럽고 쓰려도 땀 흘리며 깨우치고 손에 손 맞잡고 눈물 흘리는 이들이 있는 한 희망은 있는 거라고 말합니다. 한국인들은 너나 할 것 없이 노래를 함께 부르며 희망을 가슴에 새겼습니다. 이것을 교회에도 적용해 보면 좋겠습니다.

이기는 사람은 이와 같이 흰옷을 입을 것인데, 나는 그의 이름을 생명책에서 지워 버리지 않을 것이며, 내 아버지 앞과 아버지의 천사들 앞에서 그의 이름을 시인할 것이다(계 3:5).

끝끝내 희망을 버리지 않는 사람들, 하나님의 가능성을 향해 자기를 개방하는 사람들에게 주님은 흰옷을 입혀 주시겠다 하십니다. 그들의 이름이 생명책에 기록될 것이라 하십니다. 그리고 하나님과 천사들 앞에서 그의 이름을 시인할 것이라 하십니다. 우리가 그런 사람이 되어야 합니다. 주님의 은총이 우리를 인도해 주시길 기원합니다.

1. 어거스틴,《성 어거스틴의 고백록》(대한기독교서회), p. 270.

2. 무라카미 하루키, "예루살렘상 수상 인사말",《잡문집》(비채), p. 92.

3. 앨프레드 테니슨,《테니슨 시선》(지식을 만드는 지식), p. 46.

4. 김동춘,〈'겁 많은 자의 용기'를 넘어서〉, 다산포럼, http://www.edasan.
   org/sub03/board02_list.html?scolumn=name&skeyword=%EA%B9
   %80%EB%8F%99%EC%B6%98&bid=b33&page=2&ptype=view&i
   dx=5708

5. 함석헌,《사람의 아들 예수/예언자》(한길사), p. 235.

6. 앞의 책, p. 236.

7. 구미정,《야이로, 원숭이를 만나다》(꿈꾸는터), pp. 149-150.

8. 차병직,《상식의 힘》(홍익출판사), pp. 195-196.

9. 칼릴 지브란,《예언자》(문예출판사), pp. 23-24.

10. 서경식, 김상봉,《만남》(돌베개), p. 350.

11. 김현경,《사람, 장소, 환대》(문학과지성사), p. 192.

12. 이길우, "해녀들의 금기어 '물숨' 의미 깨닫기까지 꼬박 6년",〈한겨레신

문〉, 2015년 6월 1일 자.

13. 프랑크 옐레, 《편안한 침묵보다는 불편한 외침을》(새물결플러스), pp. 138-139에서 재인용.

14. C. S. 루이스, 《우리가 얼굴을 찾을 때까지》(홍성사), p. 106.

15. 함석헌, 《사람의 아들 예수/예언자》(한길사), p. 82.

16. 같은 책, p. 83.

17. 전우익, 《혼자만 잘 살믄 무슨 재민겨》(현암사), p. 19.

18. 어거스틴, 《성 어거스틴의 고백록》(대한기독교서회), p. 259.

19. 강상중, 《악의 시대를 건너는 힘》(사계절), p. 111에서 재인용.

20. James Fadiman, Robert Frager, *Essential Sufism*, HarperSanfrancisco, 1997, p. 86.

21. 유진 피터슨, 《물총새에 불이 붙듯》(복있는사람), p. 19.

22. 한국기독교사회문제연구원, 《기사연 무크2》(특집 JPIC 서울세계대회), p. 92.

버릴수록 우리를
자유롭게 하는 것들

버릴수록 우리를 자유롭게 하는 것들

김기석 지음

2019년 8월 27일 초판 1쇄 발행
2023년 2월 21일 초판 4쇄 발행

펴낸이 김도완
등록번호 제2021-000048호
　　　(2017년 2월 1일)
전화 02-929-1732
전자우편 viator@homoviator.co.kr

펴낸곳 비아토르
주소 서울시 종로구 삼일대로 428, 500-26호
　　　(우편번호 03140)
팩스 02-928-4229

편집 이은진
제작 제이오

디자인 임현주
인쇄 민언프린텍

제본 다온바인텍

ISBN 979-11-88255-43-6 03230

저작권자 ⓒ 김기석, 2019